BESTACTIVITYBOOKS.COM

Copyright © 2022 LINGUAS CLASSICS

PRIMEIRA EDIÇÃO - 2022

Ilustración gráfica adicional: www.freepik.com
Graças a Alekksall, Starline, Pch.vector, Rawpixel.com,
Vectorpocket, Dgim-studio, Upklyak, Macrovector,
Stockgiu, Pikisuperstar & Freepik.com Designers

Descobrir Jogos Online Grátis

Disponível Aqui:

BestActivityBooks.com/FREEGAMES

5 DICAS PARA COMEÇAR

1) CÓMO RESOLVER LAS SOPA DE LETRAS

Os puzzles têm um formato clássico:

- As palavras estão escondidas sem espaços ou hífenes,...
- Orientação: As palavras podem ser escritas para a frente, para trás, para cima, para baixo ou na diagonal (podem ser invertidas).
- As palavras podem sobrepor-se ou intersectar-se.

2) APRENDIZAGEM ACTIVA

Ao lado de cada palavra há um espaço para anotar a tradução. Para encorajar a aprendizagem activa, um **DICIONÁRIO** no final desta edição permitir-lhe-á verificar e expandir os seus conhecimentos. Procure e anote as traduções, encontre-as no puzzle e adicione-as ao seu vocabulário!

3) MARCAR AS PALAVRAS

Pode inventar o seu próprio sistema de marcação - talvez já use um? Pode também, por exemplo, marcar palavras difíceis de encontrar com uma cruz, palavras favoritas com uma estrela, palavras novas com um triângulo, palavras raras com um diamante, e assim por diante.

4) ESTRUTURANDO A APRENDIZAGEM

Esta edição oferece um **CADERNO DE NOTAS** prático no final do livro. Nas férias, em viagem ou em casa, pode facilmente organizar os seus novos conhecimentos sem a necessidade de um segundo caderno!

5) JÁ TERMINOU TODAS AS GRELHAS?

Nas últimas páginas deste livro, na secção **DESAFIO FINAL**, encontrará um jogo gratuito!

Rápido e fácil! Consulte a nossa colecção de livros de actividades para o seu próximo momento de diversão e **aprendizagem**, a apenas um clique de distância!

Encontre o seu próximo desafio em:

BestActivityBooks.com/MeuProximoLivro

Aos vossos lugares, preparem-se...Vão!

Sabia que existem cerca de 7.000 línguas diferentes no mundo? As palavras são preciosas.

Adoramos línguas e temos trabalhado arduamente para criar livros da mais alta qualidade para si. Os nossos ingredientes?

Uma selecção de tópicos adequados à aprendizagem, três boas porções de entretenimento, e depois acrescentamos uma colherada de palavras difíceis e uma pitada de palavras raras. Servimo-los com amor e máximo divertimento, para que possa resolver os melhores jogos de palavras e se divirta a aprender!

A sua opinião é essencial. Pode participar activamente no sucesso deste livro, deixando-nos um comentário. Gostaríamos de saber o que mais lhe agradou nesta edição.

Aqui está um link rápido para a sua página de encomendas:

BestBooksActivity.com/Avaliacoes50

Obrigado pela vossa ajuda e divirtam-se!

A Equipa Inteira

1 - Dirigindo

T	Þ	Þ	D	M	I	T	S	V	T	I	J	Y	E
Q	X	Þ	H	Þ	Ó	T	P	E	X	Þ	P	H	L
H	C	M	I	Z	B	T	A	G	Ö	N	G	I	D
Y	Æ	D	K	S	H	D	O	U	U	S	P	G	S
D	E	T	R	F	L	Ö	G	R	E	G	L	A	N
W	R	Y	T	S	K	O	R	T	H	Y	X	T	E
D	W	J	V	A	R	Ú	Ð	D	Þ	J	E	A	Y
B	Í	L	S	K	Ú	R	S	L	Y	S	Ó	R	T
G	A	N	G	A	N	D	I	B	Í	L	L	L	I
M	S	A	M	G	Ö	N	G	U	R	E	O	C	E
H	Ó	Ö	R	Y	G	G	I	I	D	Y	T	N	D
O	S	T	H	H	A	G	A	S	B	F	Ð	L	Ð
S	U	I	O	U	M	F	E	R	Ð	I	D	O	B
Y	M	W	B	R	E	M	S	U	R	C	R	M	Z

SLYS
BÍLL
ELDSNEYTI
VARÚÐ
VEGUR
BREMSUR
BÍLSKÚR
GAS
LEYFI
KORT

MÓTORHJÓL
MÓTOR
GANGANDI
HÆTTA
LÖGREGLAN
GATA
ÖRYGGI
SAMGÖNGUR
UMFERÐ
GÖNG

2 - Atividades

```
M  Q  Þ  V  L  I  S  T  R  G  Y  O  H  E
Á  T  A  V  E  I  Ð  A  D  B  Þ  Z  A  Ð
L  L  J  Ó  S  M  Y  N  D  U  N  P  N  F
V  P  K  G  T  Í  M  I  S  T  G  Y  D  U
E  G  E  Ö  U  X  E  X  I  J  M  X  V  Ð
R  A  R  N  R  V  I  R  K  N  I  M  E  Á
K  L  A  G  A  R  Ð  Y  R  K  J  A  R  H
C  D  M  U  Q  Á  Q  Þ  M  G  A  S  K  U
Y  U  I  F  Þ  F  N  H  P  T  Q  L  C  G
M  R  K  E  E  N  D  Æ  O  N  Þ  Ö  H  A
V  G  S  R  R  H  N  F  G  V  E  K  J  M
W  R  O  Ð  H  L  C  N  Z  J  Y  U  P  Á
H  V  E  I  Ð  I  I  I  Z  C  A  N  C  L
D  Q  S  R  L  E  I  K  I  R  D  P  R  Q
```

LIST	GARÐYRKJA
HANDVERK	LEIKIR
VIRKNI	TÍMIST
VEIÐA	LESTUR
GÖNGUFERÐIR	GALDUR
KERAMIK	VEIÐI
LJÓSMYNDUN	MÁLVERK
HÆFNI	ÁNÆGJA
ÁHUGAMÁL	SLÖKUN

3 - Churrascos

```
H  E  I  T  T  B  Ð  F  C  N  N  K  G  I
Á  Q  S  C  H  G  Ö  O  P  I  P  A  R  Á
D  A  U  B  K  N  J  R  I  I  N  O  Æ  V
E  S  M  O  J  T  Í  Ð  N  S  Ð  L  N  Ö
G  M  A  T  Ú  Ó  K  F  M  D  C  F  M  X
I  O  R  Þ  K  N  N  L  A  S  S  U  E  T
S  Ó  S  A  L  L  H  U  N  G  U  R  T  U
V  T  Y  L  I  I  S  V  F  Q  V  Ð  I  R
E  Ó  Y  E  N  S  F  A  I  A  V  Q  P  G
R  M  P  I  G  T  Ð  B  L  Þ  S  A  L  T
Ð  A  O  K  U  M  E  O  B  Ö  Z  Z  F  S
U  T  V  I  R  C  V  Ð  Y  Y  T  Þ  G  Y
R  A  L  R  F  J  Ö  L  S  K  Y  L  D  A
J  R  S  K  M  D  Z  Q  G  R  I  L  L  Þ
```

HÁDEGISVERÐUR
BOÐ
BÖRN
HNÍFA
FJÖLSKYLDA
HUNGUR
KJÚKLINGUR
ÁVÖXTUR
GRILL
LEIKIR

GRÆNMETI
SÓSA
TÓNLIST
PIPAR
HEITT
SALT
SALÖT
TÓMATAR
SUMAR

4 - Pesca

```
E U F F P K H U O Á O J Z P
K O R G J R I V E R F Z M T
Þ Y N G D A E N C S R P I Á
M V A T N X R K K T F R X L
U G G A R G B A U Í S W Y K
V L Q P Ý Z B R M Ð T Þ D N
B Á T U R K J F M K Ö O K F
L E K Þ B Q J A C J Ð L I A
D G I Z Ú F B U G Á U I L K
P H H T N Q L C R L V N H S
G K R P A E L D A K A M A M
M L V U Ð D P J T A T Æ F Y
L M Í Q U P P E S I N Ð I C
N K R K R Ó K U R D U I F V
```

VATN	BEITA
UGGAR	STÖÐUVATN
BÁTUR	KJÁLKA
TÁLKN	HAF
KARFA	ÞOLINMÆÐI
ELDA	ÞYNGD
BÚNAÐUR	FJARA
ÝKJUR	RIVER
VÍR	ÁRSTÍÐ
KRÓKUR	

5 - Geologia

```
E  F  J  K  H  S  T  E  I  N  N  Y  S  M
S  N  A  Ó  E  E  K  B  T  G  C  V  T  S
Q  D  R  R  K  S  L  H  L  S  P  O  L  T
P  Q  Ð  A  A  K  G  L  Á  V  A  U  Þ  A
V  I  S  L  L  H  V  Y  I  L  H  K  Z  L
N  Q  K  L  S  Ý  R  A  W  A  E  M  O  A
R  F  J  J  Í  V  J  B  R  G  F  N  T  G
S  T  Á  D  U  M  O  L  K  S  C  G  D  M
S  A  L  T  M  H  R  I  N  G  R  Á  S  I
O  S  F  S  T  A  L  A  C  T  I  T  E  T
X  Þ  T  K  R  I  S  T  A  L  L  A  R  E
H  B  I  Á  L  F  U  N  N  I  R  O  F  S
H  R  A  U  N  E  L  D  F  J  A  L  L  N
S  T  E  I  N  E  F  N  I  S  V  Æ  Ð  I
```

SÝRA	STALAGMITES
LAG	HRAUN
HELLI	STEINEFNI
KALSÍUM	STEINN
HRINGRÁS	HÁLENDI
ÁLFUNNI	KVARS
KÓRALL	SALT
KRISTALLAR	JARÐSKJÁLFTI
ROF	ELDFJALL
STALACTITE	SVÆÐI

6 - Tempo

```
H A D Y U T S D Ö Z N Z G D
Þ Á R A T U G U R L D Z G W
J R D M K L U K K A D M T M
X R A E Í L A F R A M T Í Ð
K B O F G N J Z I U M X D T
N Ú N A I I Ú Y T G O F A J
M Á N U Ð U R T S N R Y G P
W G P H X B W T A A G Á A Þ
D A G U R V I K A B U R T Y
Y L D E A K Q E F L N L A N
Á Ð U R S B G M Q I N E L Í
J W Z Þ Y K Þ B K K K G B D
K L U K K U S T U N D A X A
Í G Æ R Q A Z N Ó T T C D G
```

NÚNA
ÁR
ÁÐUR
ÁRLEGA
DAGATAL
ÁRATUGUR
DAGUR
FRAMTÍÐ
Í DAG
KLUKKUSTUND

MORGUNN
HÁDEGI
MÁNUÐUR
MÍNÚTA
AUGNABLIK
NÓTT
Í GÆR
KLUKKA
VIKA
ÖLD

7 - Astronomia

```
R E I K I S T J A R N A V H
A S S T J Ö R N U M E R K I
U M Þ Y N G D A R A F L P M
S Á C O S M O S A Þ C A P I
Ó S L B W G E I S L U N U N
L T P S B A M Y R K V I H N
D I L E C L T U N G L Y I G
K R W R G A Ð K X E I H M E
E N V V I X Þ O K K A J N I
H I L A E Y D X M F E Ö E M
L O F T S T E I N A D R T F
W Þ M O E Q U I N O X Ð I A
C Z P R E L D F L A U G N R
X S J Y A L H E I M U R G I
```

SMÁSTIRNI	ÞYNGDARAFL
GEIMFARI	TUNGL
HIMNETI	LOFTSTEIN
HIMINN	ÞOKKA
STJÖRNUMERKI	OBSERVATORY
COSMOS	REIKISTJARNA
MYRKVI	GEISLUN
EQUINOX	SÓL
ELDFLAUG	JÖRÐ
GALAXY	ALHEIMUR

8 - Circo

```
T  T  H  D  L  R  A  B  N  D  R  T  X  X
R  T  J  C  X  Q  P  Ú  L  W  M  I  Ð  I
Ú  Ó  N  A  O  A  I  N  N  Ö  O  G  Q  J
Ð  N  A  B  L  C  Á  I  A  B  Ð  E  R  T
U  L  M  R  D  D  H  N  F  Í  L  R  E  Ö
R  I  M  A  H  Ý  O  G  I  C  F  U  U  F
Q  S  I  G  B  C  R  U  H  T  Q  M  W  R
M  T  M  Ð  A  T  F  R  G  L  J  Ó  N  A
S  K  E  M  M  T  A  F  A  R  Ú  U  T  M
Ð  Þ  P  G  H  C  N  E  L  S  G  I  O  A
F  M  N  F  K  G  D  H  D  T  L  W  K  Ð
Z  L  Þ  Q  W  T  I  H  U  G  E  Q  F  U
A  C  R  O  B  A  T  U  R  P  R  D  N  R
S  K  R  Ú  Ð  G  A  N  G  A  N  A  T  R
```

ACROBAT	API
DÝR	GALDUR
BLÖÐRUR	JÚGLER
MIÐI	TÖFRAMAÐUR
SKRÚÐGANGA	TÓNLIST
NAMMI	TRÚÐUR
FÍL	TJALD
SKEMMTA	TIGER
ÁHORFANDI	BÚNINGUR
LJÓN	BRAGÐ

9 - Acampamento

U	Q	Z	B	M	H	Ð	O	P	S	R	L	R	S
P	J	J	Z	Ú	E	F	P	R	K	I	E	R	T
D	K	A	N	Ó	N	Y	Y	E	Ó	Ð	Z	E	Ö
Ý	O	J	H	Þ	G	A	W	L	G	U	U	I	Ð
R	R	E	I	P	I	N	Ð	D	U	T	R	É	U
E	T	O	D	O	R	X	E	U	R	Æ	T	B	V
F	T	B	M	Þ	Ú	N	U	R	R	V	R	F	A
K	J	U	W	N	M	B	X	V	E	I	Ð	A	T
B	B	A	N	Á	T	T	Ú	R	A	N	V	F	N
Z	V	V	L	G	T	J	A	L	D	T	H	W	K
Q	S	F	I	L	L	Q	N	T	Q	Ý	Ð	Þ	K
H	A	T	T	U	R	E	X	J	L	R	O	Þ	N
S	K	O	R	D	Ý	R	Þ	Y	V	I	S	X	J
Á	T	T	A	V	I	T	A	K	L	E	F	A	H

DÝR
ÆVINTÝRI
TRÉ
ÁTTAVITA
KLEFA
VEIÐA
KANÓ
HATTUR
REIPI
BÚNAÐUR

SKÓGUR
ELDUR
SKORDÝR
STÖÐUVATN
TUNGL
HENGIRÚM
KORT
FJALL
NÁTTÚRAN
TJALD

10 - Emoções

```
R  Ð  E  V  Z  X  A  Q  Þ  L  V  O  V  S
Ó  R  E  Y  M  S  L  I  K  E  D  Y  A  A
L  O  G  N  G  C  Æ  P  T  I  O  O  N  M
V  E  L  E  S  L  G  L  W  Ð  O  K  D  Ú
Á  S  T  F  U  F  E  Ð  A  I  O  C  R  Ð
Þ  P  F  N  U  R  Ð  Y  N  Þ  Þ  Æ  E
W  E  G  I  I  L  Q  V  I  D  A  F  Ð  U
C  N  Ó  T  T  I  L  C  V  I  K  R  A  Y
C  N  Ð  S  L  T  W  N  O  N  K  I  L  Þ
X  T  V  S  V  V  T  Ð  Æ  I  L  Ð  E  B
R  E  I  Ð  I  Z  T  M  B  G  Á  U  G  L
N  R  L  S  O  R  G  S  D  C  T  R  U  W
D  L  D  C  P  R  O  L  B  T  U  B  R  Y
A  F  S  L  A  P  P  A  Ð  U  R  W  W  L
```

GLEÐI	FRIÐUR
ÁST	REIÐI
SPENNT	AFSLAPPAÐUR
SÆLA	FULLNÆGT
GÓÐVILD	SAMÚÐ
LOGN	EYMSLI
EFNI	LEIÐINDI
VANDRÆÐALEGUR	RÓ
ÞAKKLÁTUR	SORG
ÓTTI	

11 - Ficção Científica

```
E  X  T  R  E  M  E  K  V  N  T  R  S  V
S  P  R  E  N  G  I  N  G  E  Æ  Y  D  É
F  Y  N  C  Q  X  H  B  G  L  K  V  Y  L
X  N  F  L  Y  W  E  Æ  A  D  N  É  S  M
O  A  M  P  O  H  I  K  L  U  I  F  T  E
Í  B  W  E  E  T  M  U  A  R  X  R  Ó  N
D  M  L  Q  L  U  U  R  X  U  L  É  P  N
H  P  Y  E  Ð  Y  R  K  Y  P  W  T  Í  I
D  J  X  N  K  Y  N  U  E  F  D  T  A  O
T  I  F  D  D  K  F  J  A  R  L  Æ  G  R
Z  M  K  X  P  A  I  R  X  Á  F  Þ  U  K
Þ  I  L  Ð  M  D  Ð  N  K  B  C  I  R  C
R  A  U  N  H  Æ  F  T  G  Æ  V  E  N  I
R  E  I  K  I  S  T  J  A  R  N  A  L  U
```

LOTUKERFINU
FJARLÆG
DYSTÓPÍA
SPRENGING
EXTREME
FRÁBÆR
ELDUR
GALAXY
BLEKKING

ÍMYNDAÐ
BÆKUR
HEIMUR
VÉFRÉTT
REIKISTJARNA
RAUNHÆFT
VÉLMENNI
TÆKNI

12 - Mitologia

```
Y U T S T Y R K U R W G S A
H E T J A Ö U N J E D S K B
K Q Q U Ð T F Þ F X D K R U
M E N N I N G R P A D E Í V
J L D Z L Ó C U A J Y P M A
O D T Þ T D O M Y N L N S R
H I U E Z A V U J Ð D A L K
Y N N R U U T R I E H I I E
Z G Þ J Ó Ð S A G A Ö S Z T
Ö F U N D L Q Q S L R K H Y
I T T Þ H E G Ð U N M Ö E P
D T T A P I T D S Y U P F E
N H X A P K A T B F N U N Ð
C Q F T D A U Ð L E G N D Ð
```

ARKETYPE   ÓDAUÐLEIKA
ÖFUND   ÞJÓÐSAGA
HEGÐUN   TÖFRANDI
SKÖPUN   SKRÍMSLI
SKEPNA   DAUÐLEG
MENNING   ELDING
HÖRMUNG   ÞRUMUR
STYRKUR   HEFND
HETJA

13 - Medições

```
G  Z  R  F  X  B  S  U  B  S  L  C  K  H
M  Æ  L  I  R  I  J  M  Æ  W  Í  L  G  Æ
E  Z  W  U  Þ  N  M  L  T  Ð  T  E  B  Ð
J  T  O  N  N  D  Y  E  I  I  R  N  U  L
C  F  Z  T  D  I  B  G  G  S  I  G  I  N
K  Í  L  Ó  M  E  T  R  A  R  L  D  Z  T
A  U  K  A  S  T  A  F  E  Z  A  C  R  O
S  E  N  T  I  M  E  T  R  I  B  M  R  M
B  E  Z  G  R  Á  Ð  A  L  M  D  S  M  M
O  N  Þ  Y  N  G  D  D  F  Í  U  D  E  U
A  T  C  R  L  H  V  Ý  Z  N  Ú  N  S  A
Z  S  Ð  K  Í  L  Ó  N  P  Ú  S  V  S  C
W  B  K  B  H  U  N  V  K  T  O  Z  I  R
R  V  I  S  L  G  O  Ð  A  A  N  R  Z  G
```

HÆÐ	MÆLIR
BÆTI	MÍNÚTA
SENTIMETR	ÚNSA
LENGD	ÞYNGD
AUKASTAF	TOMMU
GRAMM	DÝPT
GRÁÐA	KÍLÓ
BREIDD	KÍLÓMETRA
LÍTRI	TONN
MESSI	BINDI

14 - Plantas

```
F O K O J C I F S O N G K G
B Y B B E R Þ L H X L A R R
S A Z G H Þ F O L Þ G R Ó Ó
Þ Y M O I V Y R R A J Ð N Ð
U G G B Þ T O A T Ó P U U U
T R É S U M H P Ð Þ T R B R
V W P O M S W B A U N U L B
C H I C I K A K T U S E A U
Z Ð M J L Ó A J T Y G I Ð S
T V J V E G R A S O Y K P H
S W L O C U Á B U R Ð U R Q
J U R T U R T H O G P S M T
G R A S A F R Æ Ð I L X S C
B L Ó M O S S K D I N S Q S
```

BUSH	FLORA
TRÉ	SKÓGUR
BER	SM
BAMBUS	GRAS
GRASAFRÆÐI	IVY
KAKTUS	GARÐUR
JURT	MOSS
BAUN	KRÓNUBLAÐ
ÁBURÐUR	RÓT
BLÓM	GRÓÐUR

15 - Veículos

```
R  V  E  S  P  U  Z  F  B  R  A  Þ  X  F
Ú  Ö  C  Y  X  H  J  Ó  L  H  Ý  S  I  A
T  R  Þ  E  S  M  Y  J  G  U  A  T  Þ  B
U  U  A  T  I  K  Q  R  U  F  G  E  Y  Q
I  B  Ð  D  S  Þ  U  T  M  E  Q  V  A  N
B  Í  L  L  N  Y  Y  T  C  R  E  K  É  O
Á  L  D  Y  T  R  G  C  L  J  L  A  B  L
T  L  G  W  A  L  K  P  C  A  D  F  Y  G
U  Z  K  F  X  A  G  I  M  H  F  B  F  T
R  F  R  E  I  Ð  H  J  Ó  L  L  Á  E  Ð
F  B  L  D  V  A  C  N  T  J  A  T  E  H
Þ  A  Q  E  E  P  U  N  O  N  U  U  L  P
T  Q  I  K  K  D  Þ  D  R  E  G  R  G  X
X  Þ  W  K  P  I  S  T  W  O  X  D  P  B
```

FLUGVÉL	ÞYRLA
FERJA	FLEKI
BÁTUR	VESPU
REIÐHJÓL	MÓTOR
VÖRUBÍLL	RÚTU
HJÓLHÝSI	DEKK
BÍLL	KAFBÁTUR
ELDFLAUG	TAXI
VAN	SKUTLA

16 - Restaurante # 2

```
P  I  A  M  Ð  D  Í  P  A  P  K  Q  Á  G
S  K  E  I  Ð  Z  F  S  A  D  V  F  V  A
L  J  Ú  F  F  E  N  G  U  R  A  O  Ö  F
G  R  Æ  N  M  E  T  I  N  Y  T  R  X  F
T  T  R  Y  F  W  U  H  Y  K  N  R  T  A
N  Ú  Ð  L  U  R  O  B  O  K  X  É  U  L
O  V  Z  U  Y  F  I  S  K  U  R  T  R  S
G  O  R  K  K  R  Y  D  D  R  M  T  J  Ú
Q  O  U  A  Þ  Z  Q  R  S  M  J  U  I  P
L  B  L  K  C  J  Þ  D  N  R  F  R  Þ  A
G  S  F  A  X  S  Ó  F  K  Ð  H  S  K  L
R  O  Z  N  B  I  W  N  Þ  A  R  T  D  G
B  E  I  S  A  L  T  S  N  K  C  Ó  N  M
S  A  L  A  T  Þ  D  F  F  H  N  L  B  S
```

FORRÉTTUR	ÞJÓNN
VATN	GAFFAL
DRYKKUR	ÍS
KAKA	GRÆNMETI
STÓL	NÚÐLUR
SKEIÐ	FISKUR
LJÚFFENGUR	SALT
KRYDD	SALAT
ÁVÖXTUR	SÚPA

17 - Países #2

```
Ú  G  A  N  D  A  J  G  Í  G  Q  F  I  Ú
P  A  K  I  S  T  A  N  R  J  J  F  N  K
N  R  R  Z  K  F  Y  Y  L  H  N  Þ  D  R
E  L  G  H  D  N  L  A  A  A  N  J  Ó  A
P  A  Þ  P  Z  F  I  J  N  Í  Í  A  N  Í
A  R  N  R  G  R  R  L  D  T  G  P  E  N
L  B  S  Ó  M  A  L  Í  A  Í  E  A  S  A
A  R  Ý  P  M  K  J  B  Q  V  R  N  Í  A
O  G  R  I  K  K  L  A  N  D  Í  M  A  L
S  F  L  X  B  L  O  N  M  L  A  E  V  B
Q  G  A  U  J  A  Ð  O  D  A  I  X  I  A
R  V  N  Ð  U  N  Q  N  G  J  Í  Í  Y  N
C  Z  D  O  V  D  A  N  M  Ö  R  K  R  Í
R  Ú  S  S  L  A  N  D  L  X  R  Ó  A  A
```

ALBANÍA	LÍBANON
DANMÖRK	MEXÍKÓ
FRAKKLAND	NEPAL
GRIKKLAND	NÍGERÍA
HAÍTÍ	PAKISTAN
INDÓNESÍA	RÚSSLAND
ÍRLAND	SÝRLAND
JAMAÍKA	SÓMALÍA
JAPAN	ÚKRAÍNA
LAOS	ÚGANDA

18 - Cozinha

```
J  U  O  G  U  P  P  S  K  R  I  F  T  S
K  E  T  I  L  L  I  L  N  Þ  D  R  P  K
S  V  A  M  P  U  R  N  S  E  H  Y  J  E
H  X  H  H  E  N  M  S  N  O  C  S  S  I
U  M  R  Q  S  F  Y  Z  V  A  Y  T  I  Ð
F  Z  S  K  B  O  L  L  A  U  R  I  L  A
D  U  K  Ö  A  R  A  E  O  A  N  O  H  R
R  Þ  Á  N  U  K  G  Ð  Z  Ð  M  T  H  H
U  G  L  N  S  S  N  I  B  F  E  K  U  N
N  H  J  U  A  Ð  X  Þ  C  O  G  Ð  B  Ð
H  N  Í  F  A  C  M  O  R  F  R  G  C  G
Í  S  S  K  Á  P  U  R  H  N  I  Ð  O  Þ
I  M  O  L  R  K  R  Y  D  D  L  N  A  E
K  R  U  K  K  U  V  Q  Y  E  L  T  E  D
```

SVUNTU
KETILL
SKEIÐAR
AÐ BORÐA
AUSA
BOLLA
KRYDD
SVAMPUR
HNÍFA
OFN

FRYSTI
FORKS
ÍSSKÁPUR
GRILL
KRUKKU
KÖNNU
PINNAR
UPPSKRIFT
SKÁL

19 - Brinquedos

```
U  T  U  V  H  F  L  U  G  D  R  E  K  A
P  R  M  Z  M  E  E  X  C  Þ  H  P  H  Q
P  O  I  Ð  T  F  I  Ð  D  Ú  K  K  A  V
Á  M  Y  K  V  Ö  R  U  B  Í  L  L  L  É
H  M  X  Q  D  B  O  H  H  Y  F  W  E  L
A  U  N  B  I  O  O  H  Q  Y  L  Þ  I  M
L  R  S  M  Á  L  N  I  N  G  U  F  K  E
D  X  I  K  K  T  G  B  B  R  G  Q  I  N
S  Q  G  H  Á  I  U  A  Æ  F  V  A  R  N
W  Þ  J  K  F  K  O  R  K  B  É  K  W  I
H  A  N  D  V  E  R  K  U  Í  L  G  G  W
R  E  I  Ð  H  J  Ó  L  R  L  Þ  C  Þ  F
U  A  L  E  E  U  M  U  K  L  V  E  B  Z
Í  M  Y  N  D  U  N  A  R  A  F  L  G  Ð
```

LEIR	BÍLL
HANDVERK	UPPÁHALDS
FLUGVÉL	ÍMYNDUNARAFL
BÁTUR	LEIKIR
TROMMUR	BÆKUR
REIÐHJÓL	FLUGDREKA
BOLTI	VÉLMENNI
DÚKKA	MÁLNINGU
VÖRUBÍLL	SKÁK

20 - Verão

```
G  G  F  J  Ö  L  S  K  Y  L  D  A  Y  G
J  L  A  O  E  V  K  Ö  F  U  N  J  Ð  A
O  E  E  R  L  J  Ó  X  N  M  M  E  T  O
U  T  Y  Ð  Ð  L  E  I  K  I  R  T  Í  T
Ð  C  U  L  I  U  G  Z  G  Ð  W  Ó  M  K
D  U  E  F  J  A  R  A  A  V  I  N  I  R
J  J  Q  E  R  S  V  K  Þ  J  H  L  S  Z
D  I  R  R  Ú  T  J  Æ  Ð  A  C  I  T  B
M  U  X  Ð  S  J  Ó  Z  Z  M  S  S  Z  Æ
Q  Þ  S  A  P  Ö  Ð  B  G  H  L  T  M  K
B  J  O  S  R  R  N  R  H  Q  Ö  G  T  U
D  S  I  T  S  N  F  R  E  S  K  Q  F  R
C  A  A  D  U  U  Z  A  I  A  U  L  H  H
B  E  N  O  I  R  T  J  M  Ð  N  V  Þ  Ð
```

ÚTJÆÐA	BÆKUR
GLEÐI	SJÓ
VINIR	KÖFUN
HEIM	TÓNLIST
STJÖRNUR	FJARA
FJÖLSKYLDA	SLÖKUN
GARÐUR	SKÓ
LEIKIR	FERÐAST
TÍMIST	

21 - Material de Arte

```
S  T  R  O  K  L  E  Ð  U  R  D  L  S  M
N  N  S  O  Ð  A  Q  G  B  W  Z  O  K  Y
N  Y  P  E  V  A  T  N  L  C  P  Ð  Ö  N
H  H  B  U  C  R  Ð  J  Í  Æ  A  C  P  D
R  F  X  L  E  I  R  I  M  H  S  N  U  A
C  A  B  H  Ý  P  O  L  Í  A  T  L  N  V
N  Þ  H  R  Z  A  H  V  K  D  E  I  A  É
B  O  R  Ð  O  P  N  I  S  O  L  T  K  L
I  X  K  T  O  P  Z  T  G  O  L  I  R  F
R  C  B  Ð  Q  Í  T  U  A  I  I  Þ  Ý  G
O  Q  L  B  U  R  S  T  A  R  T  C  L  X
Ð  T  E  N  V  A  T  N  S  L  I  T  I  R
C  E  K  D  J  X  Ó  U  S  N  R  M  I  X
P  C  Y  T  M  Á  L  N  I  N  G  U  E  S
```

AKRÝL
STROKLEÐUR
VATNSLITIR
LEIR
VATN
STÓL
KOL
GLÆSLA
MYNDAVÉL
LÍM

LITI
SKÖPUN
BURSTAR
BLÝANTAR
BORÐ
OLÍA
PAPPÍR
PASTELLITIR
BLEK
MÁLNINGU

22 - Números

```
X  A  G  F  F  I  M  M  T  P  J  N  A  A
T  G  I  N  J  Q  Z  T  S  Ó  Þ  R  Í  R
Í  N  Z  J  Ó  M  J  D  Z  V  L  N  P  U
U  P  X  J  R  U  B  Q  K  I  L  F  D  Þ
Á  T  T  A  T  N  Ú  L  L  O  H  F  J  T
L  V  A  R  Á  I  B  T  Þ  Á  T  J  Á  N
E  E  J  O  N  I  F  V  R  E  U  Ó  S  A
F  I  M  M  T  Á  N  S  E  X  T  R  E  U
H  R  N  R  J  C  Ð  A  T  M  T  I  X  K
Z  V  H  N  I  F  B  U  T  N  U  R  T  A
V  C  D  B  Þ  E  G  T  Á  V  G  T  Á  S
Þ  K  Q  W  M  L  S  J  N  V  U  N  N  T
Z  B  G  P  S  J  Ö  Á  Z  A  Y  D  H  A
D  J  B  D  F  E  Q  N  Þ  E  B  I  E  F
```

FIMM	FJÓRTÁN
AUKASTAF	FJÓRIR
TÍU	FIMMTÁN
SEXTÁN	SEX
SAUTJÁN	SJÖ
ÁTJÁN	ÞRETTÁN
TVEIR	ÞRÍR
TÓLF	EINN
NÍU	TUTTUGU
ÁTTA	NÚLL

23 - Ferramentas

```
F  T  C  F  Q  J  G  M  U  K  Þ  R  D  H
U  P  G  Q  E  F  V  X  Ð  U  C  R  A  N
R  Ð  E  Ö  R  E  G  A  I  C  S  V  H  Í
V  M  D  L  X  K  Y  U  B  H  A  H  A  F
M  O  K  A  M  I  B  Q  M  H  L  K  M  G
V  G  S  U  K  A  Ð  V  G  O  T  A  K  B
R  A  K  V  É  L  L  M  B  T  L  B  Y  S
H  H  R  E  I  P  I  L  L  Í  M  E  N  A
A  E  Ú  Ð  Y  A  N  I  E  S  Ð  L  D  E
M  F  F  C  O  X  V  A  S  T  H  D  I  N
A  T  A  T  Q  G  S  Q  K  I  J  Z  L  X
R  A  H  J  A  N  S  G  Æ  G  Ó  O  L  H
V  R  I  T  A  N  G  I  R  I  L  L  T  B
Ð  I  U  R  O  T  J  L  I  B  J  Þ  E  D
```

TANGIR	MALLET
KABEL	HAMAR
LÍM	RAKVÉL
REIPI	SKRÚFA
STIGI	MOKA
HNÍF	HJÓL
HEFTARI	SKÆRI
HEFTA	KYNDILL
ÖXI	

24 - Especiarias

```
M  Y  H  S  L  K  A  N  I  L  R  M  H  U
Ú  L  V  W  S  Q  Ó  E  N  G  I  F  E  R
S  A  Í  S  A  F  F  R  A  N  F  G  T  U
K  U  T  Þ  L  K  M  H  Í  L  Ð  N  R  T
A  K  L  J  T  A  G  Y  K  A  N  Í  S  K
T  U  A  S  Ú  R  U  G  A  K  N  Ð  G  H
Q  R  U  G  X  R  O  R  R  K  Ú  D  F  N
Y  W  K  T  F  Ý  V  F  D  R  I  M  E  R
B  A  U  P  I  P  A  R  E  Í  B  Ð  E  R
F  I  R  D  I  B  N  S  M  S  R  O  X  N
J  K  T  Z  V  C  I  H  O  Æ  A  D  O  N
I  G  Z  U  R  P  L  H  M  T  G  L  R  T
O  E  W  D  R  G  L  N  M  U  Ð  D  A  X
F  E  N  N  E  L  U  Z  U  R  R  T  O  Q
```

SAFFRAN	LAUKUR
LAKKRÍS	KÓRÍANDER
HVÍTLAUKUR	KÚMEN
BITUR	SÆTUR
ANÍS	FENNEL
SÚR	ENGIFER
VANILLU	MÚSKAT
KANIL	PIPAR
KARDEMOMMU	BRAGÐ
KARRÝ	SALT

25 - Aniversário

```
V G K Y D D U L T D K T O Q
I S A E R A Z A Í B A V Q M
Ð D K R N Z G G M Q S G P N
P J A C R F K A I E M N U E
S É R S T A K T T Á R B A R
K P U N G U R G Q A L O Ð H
E V I N I R K L C Q L Ð L B
R S Y L E J W A X M F G Æ H
T Q X H Á T Í Ð G F W Q R W
I S G V Z X T U B U Y F A V
V C X A J J J R D C M W B I
H L D R Þ H L Y P W Y S U S
H A M I N G J U S A M U R K
A Q B F Æ D D U R G J Ö F I
```

GLAÐUR

VINIR

ÁR

AÐ LÆRA

KAKA

DAGATAL

LAG

SPIL

HÁTÍÐ

BOÐ

DAGUR

GJÖF

SÉRSTAKT

HAMINGJUSAMUR

UNGUR

FÆDDUR

VISKI

TÍMI

KERTI

26 - Casa

```
L H Á A L O F T I N U N Þ I
Y H Ú S G Ö G N Y Þ N T B A
K U I Þ E L D H Ú S D N Í U
L R G G L U G G A T J Ö L D
A Ð H A G L A F B U G K S B
Þ X C R R Ó Q C F R L Ú K Ó
L I R I I Ð L O F T U S Ú K
G C L N A F U F L U G T R A
W I A N H Q D R M X G U C S
H E R B E R G I Y O I R Þ A
T L E Ð V E G G T I T Ð F F
M D W M I Z X Ð X M I T P N
R K B R A N N H G H O U A F
R K M S P E G I L L T Q X J
```

BÓKASAFN	ARINN
GIRÐING	HÚSGÖGN
LYKLA	VEGG
STURTU	HURÐ
GLUGGATJÖLD	HERBERGI
ELDHÚS	HÁALOFTINU
SPEGILL	GÓLFMOTTA
BÍLSKÚR	LOFT
GLUGGI	BRANN
GARÐUR	KÚSTUR

27 - Vegetais

```
K  E  Q  Ð  S  S  E  S  T  Ó  M  A  T  S
Y  C  O  X  E  G  N  T  V  F  B  K  K  P
S  X  X  W  L  R  G  E  S  E  Þ  H  D  Í
S  R  R  I  L  A  I  I  Ð  J  P  T  P  N
A  P  H  L  E  S  F  N  Æ  P  A  P  V  A
H  R  E  U  R  K  E  S  P  E  C  W  I  T
U  Æ  T  R  Í  E  R  E  S  A  L  A  T  R
T  Ð  R  I  G  R  Q  L  G  U  L  R  Ó  T
O  J  J  D  H  I  I  J  E  I  U  V  G  E
W  A  N  G  B  O  L  A  U  K  U  R  Ú  L
A  V  J  C  V  J  K  K  H  N  M  E  R  F
E  L  H  Y  Q  T  B  E  Á  M  O  U  K  T
K  A  R  T  Ö  F  L  U  F  L  I  P  U  T
S  K  A  L  O  T  T  L  A  U  K  U  R  Y
```

GRASKER
SELLERÍ
ARTIHOKE
KARTÖFLU
SPERGILKÁL
LAUKUR
GULRÓT
SKALOTTLAUKUR
SVEPPIR

PEA
SPÍNAT
ENGIFER
NÆPA
GÚRKU
RÆÐJA
SALAT
STEINSELJA
TÓMAT

28 - Exploração

```
S  Á  O  O  O  L  P  E  F  R  E  F  Z  C
Y  F  K  S  J  B  K  L  E  K  Q  Ð  Z  F
N  E  T  V  I  L  L  T  R  S  I  P  U  L
R  G  Ð  U  Ö  Q  O  M  Ð  P  P  M  P  A
K  W  Þ  T  N  R  Ú  M  A  E  F  E  P  N
N  N  T  D  Ý  G  Ð  O  S  N  M  N  G  D
I  X  W  Z  T  F  U  U  T  N  Æ  N  Ö  S
Þ  F  C  G  T  Z  J  M  N  A  Ð  I  T  L
O  K  A  Ð  L  Æ  R  A  Á  N  I  N  V  A
F  N  F  U  V  F  J  A  R  L  Æ  G  U  G
H  U  G  R  E  K  K  I  B  H  E  U  N  I
I  R  T  W  E  A  I  D  Ý  R  W  I  X  W
V  I  R  K  N  I  B  Ó  Þ  E  K  K  T  R
L  C  R  S  R  Þ  D  O  Y  I  J  H  S  A
```

DÝR	FJARLÆG
AÐ LÆRA	RÚM
VIRKNI	MÆÐI
LEIT	SPENNAN
HUGREKKI	TUNGUMÁL
MENNINGU	NÝTT
UPPGÖTVUN	VILLT
ÓÞEKKT	LANDSLAGI
ÁKVÖRÐUN	FERÐAST

29 - Balé

```
Á  L  Ó  F  A  K  L  A  P  P  B  S  T  C
H  J  T  T  D  D  V  T  Y  Y  A  Ó  Æ  F
O  L  G  Z  L  S  R  Ó  L  B  L  L  K  K
R  S  J  O  Æ  F  I  N  G  B  L  Ó  N  E
F  T  T  Ó  M  O  J  L  Ð  W  E  Z  I  M
E  Í  R  Y  M  Ð  L  I  S  T  R  Æ  N  N
N  L  H  D  R  S  W  S  G  I  Í  K  A  M
D  T  C  Æ  D  K  V  T  V  N  N  Z  P  I
U  U  U  M  F  Þ  L  E  I  N  A  Y  Y  T
R  C  I  L  H  N  Z  E  I  V  Ö  Ð  V  A
W  S  S  F  S  E  I  J  I  T  U  H  D  K
L  Á  T  B  R  A  G  Ð  E  K  B  K  Y  T
K  Ó  R  E  Ó  G  R  A  F  J  I  M  B  U
D  A  N  S  A  R  A  R  T  M  R  N  U  R
```

LÓFAKLAPP	STYRKLEIKI
LISTRÆNN	VÖÐVA
BALLERÍNA	TÓNLIST
KÓREÓGRAF	HLJÓMSVEIT
DANSARAR	ÁHORFENDUR
ÆFING	TAKTUR
STÍL	SÓLÓ
LÁTBRAGÐ	TÆKNI
HÆFNI	

30 - Conservação

```
A  Z  M  M  M  E  N  N  T  U  N  U  J  B
K  G  I  E  C  Ð  Þ  F  F  G  B  V  H  Ú
E  E  N  N  U  M  H  V  E  R  F  I  S  S
L  C  N  G  P  Þ  I  E  L  P  I  V  N  V
E  E  K  U  V  T  V  Ð  V  Y  F  B  Á  Æ
S  N  A  N  Ð  L  L  U  A  N  U  C  T  Ð
J  Z  D  H  Z  O  Þ  R  T  K  E  L  T  I
Á  W  Q  U  R  C  F  F  N  J  A  S  Ú  N
L  K  Ð  S  R  I  V  A  R  N  E  I  R  I
F  W  N  K  T  V  N  R  X  R  P  I  U  Z
B  O  L  S  C  T  I  G  R  Æ  N  T  L  P
Æ  H  E  I  L  S  A  N  R  F  Q  Þ  E  W
R  L  Í  F  R  Æ  N  T  N  Á  A  M  G  M
V  I  S  T  K  E  R  F  I  A  S  L  T  R
```

UMHVERFIS
VATN
HRINGRÁS
VEÐURFAR
VISTKERFI
MENNTUN
BÚSVÆÐI
NÁTTÚRULEGT

LÍFRÆNT
VARNEIRI
MENGUN
ENDURVINNA
MINNKA
HEILSA
SJÁLFBÆR
GRÆNT

31 - Adjetivos #1

```
N A L G E R I B C B I V F O
J Ú I G B A Ð L A Ð A N D I
K Ö T B N D A I M Y L D F H
L R Þ Í V U F A I A O A U E
I L J G M L U Þ K L N R I I
S Á O R Y A L U I V A D M Ð
T T D Í R R L N L A A Y I A
R U Ý Ð K F K N V R V E C R
Æ R R A U U O Æ L R H G L
N L M R R L M R G E N Æ U E
N S Æ S H L I Ð T G S G H G
U Ö T T Þ U N G T T C T M U
I M U Ó L R N A U R B X Ó R
B U R R F R A M A N D I G R
```

ALGER
ILMANDI
LISTRÆNN
AÐLAÐANDI
GRÍÐARSTÓR
MYRKUR
FRAMANDI
ÞUNNUR
ÖRLÁTUR
STÓR

HEIÐARLEGUR
SÖMU
MIKILVÆGT
HÆGT
DULARFULLUR
NÚTÍMA
FULLKOMINN
ÞUNGT
ALVARLEGT
DÝRMÆTUR

32 - Insetos

```
K O U D N F M A U R G A A Ð
A J R I E F L Ó B P R L N C
K K Y M V I X U A V A T L Þ
K G B O U Ð O Þ G S S D P Y
A E D H M R C O T A K W L P
L I R V A I H I B Í Ú Þ Ö V
A T A A N L C Y C D L Ð N N
K U G I T D W Z N A A N T F
K N O U I I O X H A D Ð U R
I G N K S B J A L L A A L Í
Þ U F T E R M I T E H S Ú P
S R L L B Y M Ö L B M Q S U
A T Y N P C Z L D D Þ Ð G R
P C X Y A X O Y H Q F Y P A
```

BÍ   LIRVA
KAKKALAKKI   DRAGONFLY
BJALLA   MANTIS
FIÐRILDI   MÖL
CICADA   ORMUR
TERMITE   FLUGA
MAUR   FLÓ
GRASKÚLA   PLÖNTULÚS
FRÍPUR   GEITUNGUR

33 - Paisagens

```
B Ð M W E Y C J S A S H I C
Þ Þ S Ð I E G Ö P M T E A W
Í E B M Y Y H K C D Ö L H F
S K K S S Ð Q U I O Ð L A J
B S K A G I F L M S U I X A
E T F Q Q M O L T J V I N R
R E U M P Ö S I Ó Ó A X M A
G V E K O R S F O I T Z Ý C
B G S K D K E T T U N D R A
G H X F P W P D A L U R I Þ
S P I D Y R I V E R H Æ Ð E
I Z E L D F J A L L I N H Y
Y F J A L L K B E P J Ð O J
D Y Ð P L D Y V B T G I M A
```

FOSS	FJALL
HELLI	VIN
HÆÐ	HAF
EYÐIMÖRK	MÝRI
JÖKULL	SKAGI
FLÓI	FJARA
ÍSBERG	RIVER
EYJA	TUNDRA
STÖÐUVATN	DALUR
SJÓ	ELDFJALL

34 - Dança

```
T  H  Y  R  Y  F  T  B  T  U  D  N  B  W
A  Á  U  X  B  Þ  Ó  S  J  Ó  N  R  Æ  N
K  S  A  T  M  E  N  N  I  N  G  A  R  U
T  K  A  A  J  A  L  Í  K  A  M  I  L  E
U  Ó  C  M  I  D  I  G  L  A  Ð  U  R  H
R  L  D  A  T  S  S  N  A  Þ  C  Þ  K  O
F  I  I  N  S  Ö  T  Á  Ð  I  Æ  T  X  P
O  É  T  S  P  Ð  K  Ð  Q  H  F  A  E  P
V  D  L  S  T  J  S  F  I  R  I  B  P  A
Y  A  Þ  A  H  E  F  Ð  B  U  N  D  I  N
E  W  C  V  G  K  Ó  R  E  Ó  G  R  A  F
R  M  E  N  N  I  N  G  Q  P  U  J  I  N
S  V  I  P  M  I  K  I  L  L  H  D  D  K
T  I  L  F  I  N  N  I  N  G  O  R  Z  F
```

HÁSKÓLI	SVIPMIKILL
GLAÐUR	NÁÐ
LIST	SAMTÖK
KÓREÓGRAF	TÓNLIST
LÍKAMI	FÉLAGI
MENNING	TAKTUR
MENNINGAR	HOPPA
TILFINNING	HEFÐBUNDIN
ÆFING	SJÓNRÆN

35 - Nutrição

```
H  E  I  L  S  A  Q  Ð  Æ  B  R  A  G  Ð
E  I  T  U  R  E  F  N  I  T  I  R  G  C
I  X  T  C  L  F  W  R  F  P  U  T  M  T
L  H  M  A  T  A  R  Æ  Ð  I  M  R  U  S
B  D  Q  M  E  L  T  I  N  G  B  Ó  K  R
R  H  M  C  Z  I  A  Z  S  Æ  V  L  O  R
I  Þ  Y  N  G  D  N  O  Q  Ð  K  E  L  G
G  E  R  J  U  N  L  I  M  I  S  G  V  S
Ð  P  R  Ó  T  E  I  N  N  Q  Ó  U  E  H
U  I  C  Þ  Z  D  N  L  N  G  S  R  T  T
R  O  G  W  Þ  U  V  Ö  K  V  A  I  N  B
M  A  T  A  R  L  Y  S  T  L  C  R  I  J
N  Æ  R  I  N  G  A  R  E  F  N  I  Y  G
V  Í  T  A  M  Í  N  X  M  S  G  K  T  L
```

BITUR	SÓSA
MATARLYST	NÆRINGAREFNI
HITAEININGAR	ÞYNGD
KOLVETNI	PRÓTEIN
ÆTUR	GÆÐI
MATARÆÐI	BRAGÐ
MELTING	HEILBRIGÐUR
RÓLEGUR	HEILSA
GERJUN	EITUREFNI
VÖKVA	VÍTAMÍN

36 - Disciplinas Científicas

```
S  F  É  L  A  G  S  F  R  Æ  Ð  I  V  O
T  N  G  Í  C  L  H  P  Z  E  T  E  I  G
E  S  V  F  M  Í  I  M  Y  E  A  F  S  H
I  V  J  F  U  F  L  Q  Q  B  U  N  T  R
N  S  A  Æ  E  E  D  R  W  R  G  A  F  E
D  Á  R  R  G  F  U  V  E  L  A  F  R  Y
A  L  Ð  A  M  N  F  Q  U  Í  F  R  Æ  F
F  F  F  F  M  A  V  É  L  F  R  Æ  Ð  I
R  R  R  R  K  F  F  Þ  X  F  Æ  Ð  I  F
Æ  Æ  Æ  Æ  N  R  V  R  Z  R  Ð  I  F  R
Ð  Ð  Ð  Ð  Z  Æ  L  U  Æ  Æ  I  M  W  Æ
I  I  I  I  H  Ð  W  B  Ð  Ð  T  R  G  Ð
H  I  D  Þ  D  I  Q  A  K  I  I  M  E  I
L  Í  F  E  Ð  L  I  S  F  R  Æ  Ð  I  T
```

LÍFFÆRAFRÆÐI   VÉLFRÆÐI
LÍFFRÆÐI   STEINDAFRÆÐI
LÍFEFNAFRÆÐI   TAUGAFRÆÐI
HREYFIFRÆÐI   SÁLFRÆÐI
VISTFRÆÐI   FFNAFRÆÐI
LÍFEÐLISFRÆÐI   FÉLAGSFRÆÐI
JARÐFRÆÐI   VARMAFRÆÐI

37 - Meditação

```
Þ  Y  O  S  A  M  Ú  Ð  J  E  U  K  S  N
A  B  Z  A  T  T  Þ  D  R  I  I  E  J  Á
K  A  B  M  H  F  H  S  N  O  N  Ó  T
K  N  P  Þ  Y  Y  U  U  I  Z  Z  N  N  T
L  D  K  Y  G  V  M  H  G  Þ  U  I  A  Ú
Æ  L  E  K  L  S  A  Þ  K  U  F  N  R  R
T  E  J  K  I  G  Z  K  H  E  N  G  H  A
I  G  Z  I  H  F  Ó  G  A  Z  V  A  O  N
X  T  Þ  Ö  G  N  H  Ð  Ð  N  E  R  R  S
M  W  H  U  G  A  M  S  V  Ð  D  Q  N  A
Q  L  X  S  K  Ý  R  L  E  I  K  I  I  M
F  R  I  Ð  U  R  J  J  N  J  L  M  J  T
T  Ó  N  L  I  S  T  R  J  R  Y  D  A  Ö
Q  R  D  T  H  U  G  S  A  N  I  R  I  K
```

SAMÞYKKI	HUGA
VAKANDI	SAMTÖK
ATHYGLI	TÓNLIST
GÓÐVILD	NÁTTÚRAN
SKÝRLEIKI	ATHUGUN
SAMÚÐ	FRIÐUR
KENNINGAR	HUGSANIR
ÞAKKLÆTI	SJÓNARHORNI
VENJA	ÞÖGN
ANDLEGT	

38 - Gatos

```
C G M L V L T Y C Ð Q V U W
E D J Y M U W D Ð G E E V Þ
M Z P E R S Ó N U L E I K I
B H W F Z C H R Ó H Á Ð U R
R I Z F E L D U R P A I Q V
J Q N F Ð N W H N O S M T Y
Á F O R V I T I N N V A V H
L J Y F Z I F Y N D I Ð L A
A Ö K J E T W U Q K L U Þ L
Ð R H A L I J H J L L R Q I
U U P W G K M C I Ó T Ó X B
R G A R N Z M I O M Y D S H
X U Z S R W Ú T N V B O Þ J
I R M H D N S O F A B G Y K
```

FJÖRUGUR   ÓHÁÐUR
VEIÐIMAÐUR   BRJÁLAÐUR
HALI   MÚS
FORVITINN   KLÓM
SOFA   FELDUR
FYNDIÐ   PERSÓNULEIKI
GARN   VILLT
KLÓ   FEIMIN

39 - Artes Visuais

```
H L H U P P K R Í T G K M H
C I C D O L E I R Y L R E Ö
J S H W R S R N V I Æ M I G
K T U V T V A X N T S Á S G
J A R O R J M B W I L L T M
L M F I E U I D A H A V A Y
I A R T T K V A B Y E R N
X Ð A C B L Ý A N T U R A D
I U L J Ó S M Y N D A K V Ð
N R K V I K M Y N D K S E N
S K R Á N I N G U B L A R J
S A M S E T N I N G U A K V
S J Ó N A R H O R N I U K Y
A R K I T E K T Ú R T X N K
```

LEIR
ARKITEKTÚR
LISTAMAÐUR
PENNI
GLÆSLA
VAX
KERAMIK
SAMSETNINGU
SKRÁNINGU
HÖGGMYND

KVIKMYND
LJÓSMYND
KRÍT
BLÝANTUR
MEISTARAVERK
SJÓNARHORNI
MÁLVERK
PORTRET
LAKK

40 - Instrumentos Musicais

```
S  B  U  M  B  U  R  K  G  L  Þ  R  M  C
A  O  Z  A  P  P  Í  A  N  Ó  G  B  U  O
X  Þ  T  R  O  M  P  E  T  Y  G  A  N  Q
Ó  S  A  I  G  M  G  O  N  G  Z  N  N  O
F  E  H  M  Í  F  A  G  O  T  T  J  H  S
Ó  L  Y  B  T  I  I  N  O  R  C  Ó  Ö  L
N  L  A  A  Ð  W  Þ  D  Z  Þ  Q  R  A
F  Ó  X  U  R  L  S  Ð  P  Ó  X  Þ  P  G
F  B  W  E  T  U  T  T  Z  R  L  X  U  V
G  Ó  B  F  W  U  Y  R  L  X  J  Í  S  E
S  K  H  A  R  P  A  B  O  A  S  F  N  R
B  Á  S  Ú  N  A  B  M  C  M  I  R  V  K
K  L  A  R  I  N  E  T  T  Þ  M  A  S  C
Þ  T  F  I  S  J  U  W  Z  L  K  A  A  B
```

MANDÓLÍN	BUMBUR
BANJÓ	SLAGVERK
KLARINETT	PÍANÓ
FAGOTT	SAXÓFÓN
FLAUTU	TROMMA
MUNNHÖRPU	BÁSÚNA
GONG	TROMPET
HARPA	GÍTAR
MARIMBA	FIÐLU
ÓBÓ	SELLÓ

41 - Escola #1

```
B  Æ  K  U  R  S  L  M  P  A  P  P  Í  R
H  S  T  Ó  L  V  K  E  L  T  E  R  A  L
T  Á  K  V  I  Ö  S  R  A  I  N  Ó  Ð  U
K  V  D  K  B  R  F  K  I  L  N  F  L  G
E  V  M  E  X  F  U  J  W  F  A  E  Æ  S
N  U  O  K  G  F  A  U  I  F  B  Q  R  T
N  P  A  P  A  I  P  M  P  X  B  O  A  Æ
A  P  B  Ó  K  A  S  A  F  N  W  Z  R  R
R  H  Þ  W  C  A  V  V  E  A  D  C  U  Ð
I  M  Ö  P  P  U  R  I  E  V  X  T  C  F
B  L  Ý  A  N  T  U  R  N  R  Ð  Ö  N  R
Y  A  S  T  A  F  R  Ó  F  I  Ð  L  C  Æ
M  T  J  M  P  A  O  I  E  O  R  U  C  Ð
T  U  K  P  F  L  Y  P  W  O  A  R  R  I
```

STAFRÓFIÐ	BÆKUR
HÁDEGISVERÐUR	MERKJUM
VINIR	STÆRÐFRÆÐI
AÐ LÆRA	SKRIFBORÐ
BÓKASAFN	TÖLUR
STÓL	PAPPÍR
PENNA	MÖPPUR
PRÓF	KENNARI
BLÝANTUR	SVÖR

42 - Adjetivos #2

```
C  G  D  K  K  D  S  T  S  H  F  O  A  X
E  Ð  L  I  L  E  G  T  T  R  U  V  F  W
K  N  V  Æ  U  Y  M  R  O  E  Y  I  K  O
T  Q  T  T  S  X  F  K  L  I  S  L  A  S
A  S  J  N  D  I  I  R  T  N  A  L  S  H
L  M  Ð  M  J  Q  L  G  U  T  L  T  T  E
Ý  Á  H  U  G  A  V  E  R  T  T  F  A  I
S  H  E  I  L  B  R  I  G  Ð  U  R  M  T
A  T  I  T  Þ  Þ  U  R  R  U  R  Æ  I  T
N  O  E  U  Y  Ð  F  P  H  C  R  G  K  N
D  I  H  R  K  H  N  N  Q  Y  P  U  I  Ý
I  Ð  A  S  K  A  P  A  N  D  I  R  L  T
S  E  Z  Þ  U  U  H  U  M  Y  C  O  L  T
Þ  J  E  S  R  L  R  Á  B  Y  R  G  U  R
```

EKTA	STOLTUR
SKAPANDI	AFKASTAMIKILL
LÝSANDI	HREINT
GLÆSILEGUR	HEITT
FRÆGUR	ÁBYRGUR
STERKUR	SALTUR
ÞYKKUR	HEILBRIGÐUR
ÁHUGAVERT	ÞURR
EÐLILEGT	VILLT
NÝTT	

43 - Roupas

```
J  L  W  U  J  Ð  Z  S  V  U  N  T  U  Ð
K  A  R  M  B  A  N  D  K  K  J  Ó  L  L
S  O  K  K  A  R  I  K  E  Ó  J  G  B  F
M  L  R  K  N  T  Y  O  T  R  W  E  L  H
H  Y  X  Z  I  Í  U  T  I  Q  M  O  Ú  D
A  Á  G  T  R  S  B  U  X  U  R  Ð  S  P
T  Y  L  Q  E  K  U  K  Þ  N  Ð  P  S  N
T  K  E  S  D  A  G  E  E  H  V  Ð  A  Á
U  O  P  K  M  Ð  S  C  I  D  C  Þ  B  T
R  K  Á  P  U  E  H  A  N  S  K  A  E  T
T  O  E  E  V  C  N  C  J  K  Ð  B  L  F
A  T  F  Y  P  I  L  S  D  Ó  G  A  T  Ö
L  X  U  S  K  Y  R  T  A  R  E  I  I  T
S  V  G  A  L  L  A  B  U  X  U  R  L  W
```

SVUNTU   HANSKA
BLÚSSA   SOKKAR
BUXUR   TÍSKA
SKYRTA   NÁTTFÖT
KÁPU   ARMBAND
HATTUR   PILS
BELTI   SKÓ
HÁLSMEN   SKÓR
JAKKI   PEYSA
GALLABUXUR   KJÓLL

44 - Herbalismo

```
P G E S T R A G O N H K P L
L A G A G N L E G I H G H O
B R A G Ð P P Ð O K H X V F
Q Ð A J F Q P H Z B F Z Í N
Þ U S T E I N S E L J A T A
S R Þ R N T Þ J F Ó K M L R
R A K K N C I X N M Ó A A B
G Ó F M E W Y M I P R R U L
R L S F L O N N J L Í J K Ó
Æ W Þ M R F N X M A A O U M
N Z J M A A Þ T S N N R R B
T L U P Þ R N K W T D A B W
B A S I L P Í A G A E M G H
G Æ Ð I L M A N D I R Z B S
```

SAFFRAN
RÓSMARÍN
HVÍTLAUKUR
ILMANDI
GAGNLEG
KÓRÍANDER
ESTRAGON
BLÓM
FENNEL
EFNI

GARÐUR
LOFNARBLÓM
BASIL
MARJORAM
PLANTA
GÆÐI
BRAGÐ
STEINSELJA
TIMJAN
GRÆNT

45 - Frutas

```
G U B U J K Í V Í F M B L X
M A N G Ó B I B E Ð X G Z I
A T I H X Z J R R E P U C A
N F E R S K J A S Ó F L M Ð
A P P E L S Í N A U M Y N D
N T L J X R R K D A B B P A
A K I R S L O P E K A E E P
S Í T R Ó N U T F X N R R R
H I N D B E R J U M A Q A Í
V Í N B E R U K U G N M H K
Q Y B R N E C T A R I N E Ó
R V S P A P A Y A S K I Z S
D Q Q A V Ó K A D Ó Þ B A A
Þ L K Ó K O S H N E T A P G
```

AVÓKADÓ	KÍVÍ
ANANAS	APPELSÍNA
BRÓMBER	SÍTRÓNU
BER	EPLI
BANANI	PAPAYA
KIRSUBER	MANGÓ
KÓKOSHNETA	NECTARINE
APRÍKÓSA	PERA
MYND	FERSKJA
HINDBERJUM	VÍNBER

46 - Corpo Humano

```
Þ  N  L  Ð  I  J  H  O  D  Y  D  L  Ö  H
A  B  N  B  K  H  Á  L  S  H  L  G  K  S
E  Þ  Z  L  F  Ú  S  N  B  Ö  L  C  K  I
E  K  Ð  Ó  K  Ð  Ð  B  N  K  D  H  L  G
H  Z  J  Ð  Þ  K  M  O  A  U  G  A  A  A
A  W  T  Þ  J  J  E  G  O  Ð  T  W  D  A
B  L  V  S  L  Á  E  A  M  K  S  T  M  N
K  A  H  E  I  L  I  N  E  F  Þ  Y  K  Y
Ð  M  U  Ö  E  K  F  M  Y  G  G  B  U  P
G  X  U  R  N  A  N  O  R  C  P  Q  G  Q
D  E  N  N  I  D  C  E  A  Ð  X  K  Y  I
U  W  Y  J  N  N  Ö  X  L  H  Ö  F  U  Ð
Y  P  F  Ó  T  U  R  X  F  I  N  G  U  R
Z  R  K  H  J  A  R  T  A  S  W  É  Þ  P
```

MUNNUR	AUGA
HÖFUÐ	ÖXL
HEILI	EYRA
HJARTA	HÚÐ
OLNBOGA	FÓTUR
FINGUR	HÁLS
HNÉ	HÖKU
KJÁLKA	BLÓÐ
HÖND	ENNI
NEF	ÖKKLA

47 - Restaurante #1

```
K G A X K S G T O O E Ð S H
E J H N Í F Ó I Þ F L P E R
F A Ú E Ð Þ H S A N D C R Á
T L M K K J Ö T A Æ H J V E
I D A A L D S Ð K M Ú F Í F
R K T F Ð I C T C I S X E N
R E S F U S N F E T Y I T I
É R E I G K J G O R G M T B
T I Ð S O U T C U S K Q A R
T H I U T R I J S R Þ A E A
U C L A Ð B O R Ð A X J N U
R V L S K Á L Q Y J H Z Ð Ð
Q L U F Z T D L P E W S P E
P Ö N T U N B T Ð F F X U K
```

OFNÆMI	HRÁEFNI
KAFFI	MATSEÐILL
GJALDKERI	SÓSA
KJÖT	BRAUÐ
AÐ BORÐA	STERKAN
ELDHÚS	DISKUR
HNÍF	PÖNTUN
KJÚKLINGUR	EFTIRRÉTTUR
SERVÍETTA	SKÁL

48 - Caminhada

```
X  W  Z  V  E  Ð  U  R  F  A  R  S  S  H
I  R  B  I  F  W  N  R  W  G  L  T  T  K
K  T  F  L  L  K  D  S  K  V  D  Í  E  R
E  O  H  L  T  R  I  S  Ó  L  K  G  I  J
B  T  R  T  Þ  I  R  Q  Z  F  Y  V  N  R
S  S  T  T  Þ  Ú  B  J  A  R  G  É  A  X
G  Þ  U  N  G  T  Ú  S  Y  Y  N  L  R  N
V  A  K  V  I  J  N  Á  T  T  Ú  R  A  N
K  A  R  T  C  Æ  I  Y  M  C  F  D  Ý  R
V  X  T  Ð  Z  Ð  N  F  J  A  L  L  F  H
N  Q  T  N  U  A  G  S  U  V  E  Ð  U  R
K  G  R  D  F  R  U  V  W  A  Y  U  B  X
I  W  V  J  P  Þ  R  E  Y  T  T  U  R  R
G  L  E  I  Ð  S  Ö  G  U  M  E  N  N  T
```

ÚTJÆÐA	NÁTTÚRAN
DÝR	GARÐUR
VATN	STEINAR
STÍGVÉL	BJARG
ÞREYTTUR	ÞUNGT
VEÐURFAR	UNDIRBÚNINGUR
LEIÐSÖGUMENN	VILLT
KORT	SÓL
FJALL	VEÐUR

49 - Água

```
F  R  O  S  T  X  S  G  X  G  R  D  F  M
Ð  W  Q  L  C  L  L  A  K  E  A  R  E  C
Þ  L  Í  Ö  L  D  U  R  S  Y  K  Y  L  J
M  O  N  S  Ú  N  D  Q  Í  S  I  K  L  Y
P  O  Þ  R  N  F  P  J  K  I  Z  K  I  S
V  S  U  Z  I  J  M  P  U  R  E  J  B  N
F  C  I  B  U  V  Ó  R  R  I  I  A  Y  O
G  L  I  O  P  B  E  R  W  G  K  R  L  Þ
B  Z  A  R  P  H  H  R  Á  N  T  H  U  B
E  X  Q  J  G  U  F  U  V  I  D  Æ  R  Ð
L  L  O  L  U  Y  C  E  E  N  H  F  N  L
F  Z  H  A  F  L  Ó  Ð  I  G  T  T  K  F
H  J  S  T  U  R  T  U  L  C  B  X  V
I  U  W  Þ  N  D  K  P  U  Q  N  O  E  A
```

SÍKUR	LAKE
RIGNING	MONSÚN
STURTU	SNJÓR
UPPGUFUN	HAF
FELLIBYLUR	ÖLDUR
FROST	DRYKKJARHÆFT
ÍS	RIVER
GEYSIR	RAKI
FLÓÐ	GUFU
ÁVEITU	

50 - Ecologia

```
A N N Á T T Ú R U L E G T S
T U Á Q E P S J Á L F B Æ R
T U Ð T Þ U R R K A R Ú I V
F S X L T Q Z Z M A R S H E
J J P W I Ú M U Þ S G V A Ð
Ö Á Ö P J N R K S A R Æ L U
L V A L J J D A Þ M Ó Ð Þ R
B A F Ö L S Ý I N F Ð I J F
R R K N I T R Ð R É U V Ó A
E M H T F E A N O L R W Ð R
Y B A U U G L I C Ö Q J L S
T S A R N U Í E R G Ð O E X
N K G L Q N F L O R A K G X
I O J Z N D F T I E V S T S
```

VEÐURFAR   NÁTTÚRULEGT
SAMFÉLÖG   NÁTTÚRAN
FJÖLBREYTNI   MARSH
TEGUND   PLÖNTUR
DÝRALÍF   AUÐLINDIR
FLORA   ÞURRKAR
ALÞJÓÐLEGT   LIFUN
BÚSVÆÐI   SJÁLFBÆR
SJÁVAR   GRÓÐUR
FJÖLL

51 - Família

```
Þ  S  Q  E  S  Ð  F  A  Ð  I  R  T  B  E
J  F  B  I  D  N  B  F  T  F  D  V  A  E
A  L  F  G  N  C  Z  I  I  A  Ó  Í  R  O
E  E  O  I  P  G  I  Ð  L  X  T  B  N  H
B  A  R  N  A  B  A  R  N  E  T  U  Æ  B
X  M  F  M  T  D  G  R  N  I  I  R  S  Ö
E  M  A  A  M  B  A  R  N  G  R  A  K  R
Þ  A  Ð  Ð  M  Ó  D  S  N  I  Ð  R  A  N
W  L  I  U  Ó  Y  Ð  I  S  N  Ð  Ð  Þ  Ð
N  Ð  R  R  Ð  O  Þ  U  R  K  Q  K  G  O
T  I  Þ  O  I  M  Y  W  R  O  E  U  L  V
G  I  M  F  R  Æ  N  D  I  N  X  O  M  Ð
S  Y  S  T  I  R  Þ  A  T  A  O  V  B  G
J  Y  B  R  Ó  Ð  I  R  F  R  Æ  N  K  A
```

FORFAÐIR	BRÓÐIR
AMMA	EIGINMAÐUR
AFI	MÓÐUR
BARN	MÓÐIR
BÖRN	BARNABARN
EIGINKONA	FAÐIR
DÓTTIR	INGAR
TVÍBURAR	FRÆNDI
BARNÆSKA	FRÆNKA
SYSTIR	

52 - Férias #2

```
I  Z  V  T  Í  M  I  S  T  M  R  Ú  Ú  W
L  L  E  F  J  S  G  P  A  Y  K  T  T  I
B  L  G  B  L  A  J  V  X  N  O  J  L  S
F  J  A  R  A  U  L  Ó  I  D  R  Æ  E  N
R  D  B  G  U  O  G  D  Þ  I  T  Ð  N  E
Í  Ð  R  P  V  E  B  V  Z  R  M  A  D  Q
F  M  É  L  G  N  T  K  Ö  Z  Y  R  I  F
I  U  F  W  Ð  Q  B  P  K  L  X  K  N  J
F  U  F  U  I  Q  B  A  I  Y  L  B  G  Ö
S  A  M  G  Ö  N  G  U  R  G  N  U  U  L
F  H  Ó  T  E  L  B  H  H  Z  J  C  R  L
E  A  V  D  Y  Z  G  Þ  K  H  V  O  Ð  U
R  U  N  J  J  J  V  P  Q  L  Ð  H  X  W
Ð  Z  Á  F  A  N  G  A  S  T  A  Ð  U  R
```

ÚTJÆÐA	KORT
FLUGVÖLLUR	SJÓ
ÁFANGASTAÐUR	FJÖLL
ÚTLENDINGUR	VEGABRÉF
FRÍ	FJARA
MYNDIR	TAXI
HÓTEL	TJALD
EYJA	SAMGÖNGUR
TÍMIST	FERÐ

53 - Edifícios

```
R  U  V  S  K  Ó  L  I  I  K  E  G  U  S
X  C  I  Ö  F  S  M  L  Q  A  S  G  J  J
H  Ó  T  E  L  E  G  A  Þ  S  A  F  N  Ú
Z  H  H  Z  H  L  Ö  Ð  U  T  E  P  R  K
F  T  P  F  I  U  I  G  Q  A  Z  Z  B  R
B  Í  L  S  K  Ú  R  N  Þ  L  Y  K  P  A
Æ  B  S  K  L  E  F  A  N  I  T  A  U  H
R  Ú  T  E  L  E  I  K  H  Ú  S  U  Ð  Ú
D  Ð  V  H  N  G  Q  M  P  G  K  T  R  S
T  J  A  L  D  D  U  M  T  Q  B  J  X  N
V  E  R  K  S  M  I  Ð  J  U  W  O  E  Q
E  G  G  O  B  S  E  R  V  A  T  O  R  Y
H  Á  S  K  Ó  L  I  J  Á  G  X  P  Y  Ð
M  A  T  V  Ö  R  U  B  Ú  Ð  R  B  B  R
```

ÍBÚÐ	SJÚKRAHÚS
KLEFA	HÓTEL
KASTALI	SAFN
HLÖÐU	OBSERVATORY
SENDIRÁÐ	MATVÖRUBÚÐ
SKÓLI	LEIKHÚS
VÖLLINN	TJALD
BÆR	TURN
VERKSMIÐJU	HÁSKÓLI
BÍLSKÚR	

54 - Praia

```
B  K  S  E  G  L  B  Á  T  U  R  R  I  F
L  R  D  D  W  Z  D  R  T  Ð  O  E  O  R
Á  A  Y  J  T  P  N  Y  A  N  Z  G  A  F
R  B  S  G  P  Þ  Ð  V  A  F  O  N  S  N
Q  B  U  X  G  Ð  E  K  R  L  H  H  A  F
B  I  Þ  U  V  J  J  O  S  Q  A  L  N  P
M  F  L  G  K  X  U  S  J  Z  N  Í  D  B
S  T  R  Ö  N  D  I  N  N  I  D  F  U  J
Ó  P  D  O  G  D  U  Q  D  M  K  S  R  Q
L  M  I  L  B  H  J  F  F  J  L  K  J  L
C  Ð  M  E  Q  E  Z  A  U  B  Æ  Ó  O  Ó
M  I  E  M  C  X  Y  A  W  I  Ð  Y  U  N
C  I  G  B  V  Y  V  J  B  Þ  I  Y  X  G
B  Á  T  U  R  Þ  C  Z  A  E  K  C  G  N
```

SANDUR	LÓN
BLÁR	SJÓ
BÁTUR	HAF
KRABBI	RIF
STRÖNDINNI	SKÓ
BRYGGJU	SÓL
REGNHLÍF	HANDKLÆÐI
EYJA	SEGLBÁTUR

55 - Ferramentas de Cozinha

```
M  G  A  F  F  A  L  O  H  L  G  W  U  F
J  Y  O  H  M  K  F  Þ  I  K  Y  N  I  V
I  I  H  F  J  T  I  P  T  Í  Ð  Z  T  U
L  B  L  A  N  D  A  R  A  S  K  E  I  Ð
J  O  A  G  H  L  W  K  M  S  Z  Q  T  S
S  R  K  D  N  O  Y  G  Æ  K  I  B  F  H
O  K  C  I  Í  I  D  P  L  Á  R  I  W  N
G  A  Æ  S  F  Ð  M  P  I  P  V  W  T  Í
R  Y  K  R  R  A  S  P  I  U  B  V  Y  F
J  K  E  T  I  L  L  X  L  R  Z  U  S  A
U  F  F  V  Q  E  L  D  A  V  É  L  I  P
B  R  A  U  Ð  R  I  S  T  Y  N  A  G  Ö
S  P  A  Ð  A  Y  O  U  D  S  V  G  T  R
F  D  W  K  M  D  X  M  S  D  U  Q  I  O
```

KETILL
SIGTI
SKEIÐ
SPAÐA
HNÍF
ELDAVÉL
OFN
GAFFAL

ÍSSKÁPUR
BLANDARA
RASPI
HNÍFAPÖR
LOKI
HITAMÆLI
SKÆRI
BRAUÐRIST

56 - Xadrez

V	Ð	Þ	H	L	U	D	S	T	V	L	A	T	M
K	D	N	V	E	Z	K	N	Q	Z	E	Ð	Í	Ó
Á	R	K	Í	I	K	X	S	K	L	I	G	M	T
S	O	D	T	K	E	P	P	N	I	K	E	I	M
K	T	Q	U	M	S	T	E	F	N	U	R	B	Æ
O	T	I	R	A	Ð	L	Æ	R	A	R	Ð	E	L
R	N	R	G	Ð	M	W	I	R	L	T	A	O	A
A	I	N	T	U	X	V	Q	J	F	E	L	U	N
N	N	Y	R	R	V	Ð	V	U	Ó	P	A	S	D
I	G	T	M	E	I	S	T	A	R	I	U	S	I
R	F	J	S	E	G	O	C	G	N	E	S	V	Z
A	E	K	J	Z	V	L	F	B	A	V	Þ	A	N
S	K	Á	M	Ó	T	R	U	T	U	K	L	R	Q
K	O	N	U	N	G	U	R	R	D	F	B	T	Þ

AÐ LÆRA
HVÍTUR
MEISTARI
KEPPNI
ÁSKORANIR
SKÁ
STEFNU
LEIKMAÐUR
LEIKUR
MÓTMÆLANDI

AÐGERÐALAUS
STIG
SVART
DROTTNING
REGLUR
KONUNGUR
FÓRN
TÍMI
MÓT

57 - Aventura

```
F  E  R  Ð  A  Á  Æ  T  L  U  N  Á  E  L
Á  V  H  Æ  T  T  U  L  E  G  T  S  L  Í
F  M  A  Q  E  T  Þ  F  V  X  Z  K  D  K
A  U  L  N  V  I  N  I  R  U  O  O  M  U
N  J  L  U  D  Á  Ó  V  A  R  T  R  Ó  R
G  Q  Ð  V  K  I  K  K  Q  M  U  A  Ð  S
A  Ó  V  E  N  J  U  L  E  G  T  N  G  I
S  N  I  T  Æ  K  I  F  Æ  R  I  I  L  G
T  A  R  Ö  R  Y  G  G  I  Y  G  R  E  L
A  S  K  O  Ð  U  N  A  R  F  E  R  Ð  I
Ð  F  N  Á  T  T  Ú  R  A  N  P  L  I  N
U  P  I  Ý  F  E  G  U  R  Ð  S  D  N  G
R  H  R  F  T  E  C  D  W  J  G  F  Þ  A
Z  C  S  V  U  T  N  Ð  F  Ð  V  W  G  R
```

GLEÐI	ÓVENJULEGT
VINIR	FERÐAÁÆTLUN
VIRKNI	NÁTTÚRAN
FEGURÐ	SIGLINGAR
LÍKUR	NÝTT
ÁSKORANIR	TÆKIFÆRI
ÁFANGASTAÐUR	HÆTTULEGT
VANDI	ÖRYGGI
ELDMÓÐ	Á ÓVART
SKOÐUNARFERÐ	

58 - Floresta Tropical

```
I  B  S  T  N  N  G  M  S  J  F  C  Q  H
Þ  M  O  P  L  I  F  U  N  K  M  O  S  S
P  J  B  T  E  Z  H  A  Á  F  Ý  V  S  I
N  D  O  P  A  N  T  R  T  K  Þ  A  A  F
B  V  M  Þ  K  N  D  R  T  K  U  R  M  R
T  E  G  U  N  D  I  Ý  Ú  Q  M  Ð  F  U
I  Ð  I  K  Þ  Q  A  C  R  J  G  V  É  M
F  U  G  L  A  R  E  S  A  Þ  B  E  L  B
N  R  E  G  P  U  Q  Þ  N  L  E  I  A  Y
S  F  R  U  M  S  K  Ó  G  U  R  S  G  G
M  A  V  I  R  Ð  I  N  G  A  R  L  W  G
R  R  S  K  O  R  D  Ý  R  L  F  U  Y  J
F  J  Ö  L  B  R  E  Y  T  N  I  Ð  G  A
A  T  H  V  A  R  F  R  O  S  K  D  Ý  R
```

FROSKDÝR	MOSS
BOTANICAL	NÁTTÚRAN
VEÐURFAR	SKÝ
SAMFÉLAG	FUGLAR
FJÖLBREYTNI	VARÐVEISLU
TEGUND	ATHVARF
FRUMBYGGJA	VIRÐING
SKORDÝR	FRUMSKÓGUR
SPENDÝR	LIFUN

59 - Cidade

T	Z	P	B	A	N	K	I	C	M	L	Q	Ð	C
N	K	K	A	E	P	H	Á	S	K	Ó	L	I	C
Ð	M	Z	K	B	L	Ó	M	A	B	Ú	Ð	J	R
V	H	M	A	Z	W	N	T	B	W	L	Z	R	G
B	E	A	R	V	T	M	Z	E	S	K	Ó	L	I
Ó	Ó	R	Í	J	M	L	E	I	K	H	Ú	S	Y
K	S	K	S	N	Y	R	T	I	S	T	O	F	A
A	M	A	A	L	V	Ö	L	L	I	N	N	E	G
B	U	Ð	G	S	U	S	A	F	N	M	U	B	A
Ú	D	U	F	Ð	A	N	M	Þ	L	V	S	O	L
Ð	I	R	K	J	X	F	W	Q	X	L	O	P	L
X	K	V	I	K	M	Y	N	D	A	H	Ú	S	E
F	L	U	G	V	Ö	L	L	U	R	W	B	K	R
K	L	P	Q	U	H	Ó	T	E	L	Q	D	X	Í

FLUGVÖLLUR   HÓTEL
BANKI   BÓKABÚÐ
BÓKASAFN   VERSLUN
KVIKMYNDAHÚS   MARKAÐUR
SKÓLI   SAFN
VÖLLINN   BAKARÍ
APÓTEK   SNYRTISTOFA
BLÓMABÚÐ   LEIKHÚS
GALLERÍ   HÁSKÓLI

60 - Matemática

```
N V R B B I N D I F T R D X
R Ú M F R Æ Ð I T E L W R P
P U T G D O Þ V E R M Á L D
S U M M A H T J N N Q I R L
Z R É T T H Y R N I N G U R
M U F M F I Q V Z N H J A S
S A M H L I Ð A W G O A U A
W P Ð M G P Ð T X U R Ð K M
D U Y J Á H P Y Ö R N A A H
J A F N A L U P U L U R S V
Þ R Í H Y R N I N G U R T E
V E L D I S V Í S I R R A R
R A D Í U S E Z J Z Z F F F
H J Á L Í Ð A L O G R A M U
```

TÖLUR
HORN
UMMÁL
AUKASTAF
ÞVERMÁL
JAFNA
VELDISVÍSIR
BROT
RÚMFRÆÐI
SAMHLIÐA

HJÁLÍÐALOGRAM
JAÐAR
FERNINGUR
RADÍUS
RÉTTHYRNINGUR
SAMHVERFU
SUMMA
ÞRÍHYRNINGUR
BINDI

61 - Natureza

```
T  K  D  Þ  B  D  Þ  S  L  O  K  E  Y  S
C  L  W  S  K  Ý  U  V  K  C  X  K  Þ  K
L  Ð  O  H  V  R  F  I  V  J  S  G  A  Ó
R  C  A  U  I  J  M  L  C  V  Ó  E  A  G
I  U  V  Ð  K  L  O  L  U  W  A  L  K  U
E  L  Í  F  L  E  G  T  P  G  Q  P  T  R
S  R  T  A  R  K  T  Í  S  K  U  R  R  Þ
M  C  R  I  V  E  R  C  J  R  S  R  O  O
F  S  E  R  E  N  E  L  Ö  O  O  R  P  K
Z  E  Y  Ð  I  M  Ö  R  K  F  T  D  I  A
H  Q  G  X  P  E  S  F  U  Q  Ð  Y  C  O
L  P  Ð  U  B  Z  D  Þ  L  E  T  Y  A  T
T  T  H  M  R  L  M  S  L  G  J  I  L  H
Y  C  U  Z  J  Ð  F  R  I  Ð  S  Æ  L  T
```

BÝFLUGUR
SKJÓL
DÝR
ARKTÍSKUR
FEGURÐ
EYÐIMÖRK
KVIK
ROF
SKÓGUR
SM

JÖKULL
ÞOKA
SKÝ
FRIÐSÆLT
RIVER
VILLT
SERENE
TROPICAL
LÍFLEGT

62 - Preencher

```
E  L  S  K  P  G  X  B  D  V  Q  Z  F  F
X  V  H  A  A  Q  A  I  V  H  H  J  L  E
U  B  J  R  K  S  D  Z  W  R  U  R  Ö  R
H  U  H  F  K  M  S  T  U  N  N  U  S  Ð
A  B  K  A  I  K  A  I  I  V  V  K  K  A
T  A  S  K  A  R  I  P  Þ  V  A  O  U  T
S  K  U  M  S  L  A  G  P  I  S  S  M  Ö
S  K  R  U  K  K  U  Ð  B  A  I  V  A  S
K  I  T  V  Þ  S  O  A  D  F  Ö  T  U  K
Ú  O  Y  Ð  I  G  C  F  S  X  Y  Ð  G  U
F  G  Q  Ð  X  T  W  W  K  P  M  D  N  P
F  C  N  J  W  Q  Y  P  I  N  U  Z  F  A
A  D  C  I  L  C  E  Z  P  C  B  O  Þ  X
Þ  E  X  O  L  R  Q  V  F  Q  M  C  A  W
```

FÖTU	KRUKKU
BAKKI	FERÐATÖSKU
TUNNU	SKIP
VASA	PAKKI
KASSI	MAPPA
KARFA	TASKA
UMSLAG	RÖR
FLÖSKU	VASI
SKÚFFA	

63 - Animais de Estimação

```
S  Ð  Þ  B  H  N  E  L  S  E  H  D  D  Ð
Ð  V  P  H  O  W  H  E  N  Ð  A  Þ  Ý  Y
K  A  N  Í  N  A  V  U  X  L  M  H  R  Þ
L  T  Ð  C  Z  U  O  M  N  A  S  A  A  Q
Æ  N  M  Ð  J  X  L  B  E  D  T  L  L  L
R  J  Ú  Q  P  Y  P  M  C  S  U  I  Æ  Z
F  I  S  K  U  R  U  F  C  H  R  R  K  A
K  B  M  R  K  Ý  R  K  G  Q  U  N  N  J
P  Á  F  A  G  A  U  K  U  R  Þ  V  I  C
B  O  O  G  H  J  J  U  L  G  W  N  R  T
S  K  J  A  L  D  B  A  K  A  E  Q  J  Þ
B  X  R  C  I  M  S  P  L  U  L  I  N  F
K  Ö  T  T  U  R  W  K  N  A  S  Q  T  X
K  E  T  T  L  I  N  G  U  R  X  Y  R  R
```

VATN	KÖTTUR
GEIT	HAMSTUR
HVOLPUR	EÐLA
HALI	MÚS
HUNDUR	PÁFAGAUKUR
KANÍNA	FISKUR
KRAGA	SKJALDBAKA
KLÆR	KÝR
KETTLINGUR	DÝRALÆKNIR

64 - Escalada

```
S F K O R T N U V Z R H L H
É Q O Z Z T K S J Þ L A Í G
R N Þ R Ö N G T H Þ E N K Ö
F A Þ P V N L J E Æ I S A N
R W W E M I M Ó L W Ð K M G
Æ A J Y E Ð T R L R S A L U
Ð Á S K O R A N I R Ö X E F
I A K Y W T I M I T G H G E
N C A H V H Z Á W Ð U K T R
G K Y H Ð N J L A F M Y N Ð
U K F S T Ö Ð U G L E I K I
R S T Í G V É L M U N W I R
S T Y R K U R M D I N K M G
U W K I H J Á L M U R F W M
```

HÆÐ
STJÓRNMÁL
STÍGVÉL
GÖNGUFERÐIR
HJÁLMUR
HELLI
FORVITNI
ÁSKORANIR

SÉRFRÆÐINGUR
STÖÐUGLEIKI
ÞRÖNGT
LÍKAMLEGT
STYRKUR
LEIÐSÖGUMENN
HANSKA
KORT

65 - Aviões

```
Y  E  Z  S  Y  Y  W  K  N  U  J  A  S  H
I  V  Q  Q  V  E  L  D  S  N  E  Y  T  I
S  Q  G  J  S  V  P  K  J  M  Z  J  J  M
I  T  P  Y  I  É  M  Y  Q  V  L  G  B  I
G  B  J  O  F  L  U  G  M  A  Ð  U  R  N
L  L  S  Ó  A  K  S  I  O  V  B  W  F  N
A  Á  M  K  R  M  Q  R  Ð  E  L  U  E  Y
N  S  Í  Y  Þ  N  W  K  F  T  Ö  H  Æ  Ð
X  A  Ð  R  E  Ð  M  J  U  N  Ð  P  S  C
D  V  I  R  G  T  S  Á  L  I  R  W  T  Q
N  Z  M  Ð  I  M  A  H  L  O  U  Ð  E  K
L  E  N  D  I  N  G  Ö  H  B  F  H  F  Q
U  P  P  R  U  N  A  F  T  Y  Z  T  N  I
N  Z  R  Ð  Æ  V  I  N  T  Ý  R  I  U  S
```

HÆÐ	STEFNU
LOFT	VETNI
LENDING	SAGA
STJÓRNMÁL	BLÁSA
ÆVINTÝRI	VÉL
BLÖÐRU	SIGLA
HIMINN	FARÞEGI
ELDSNEYTI	FLUGMAÐUR
SMÍÐI	ÁHÖFN
UPPRUNA	ÓKYRRÐ

66 - Tipos de Cabelo

```
S  H  B  H  R  O  K  K  I  Ð  A  D  S  P
K  E  I  R  I  O  A  M  C  R  B  L  I  U
Ö  I  M  J  Ú  K  U  R  J  F  J  H  L  E
L  L  B  B  Þ  N  Þ  U  N  N  U  R  F  F
L  B  U  F  L  É  T  T  U  R  X  Z  U  X
Ó  R  G  Þ  Y  S  H  V  Í  T  U  R  R  R
T  I  L  J  Ó  S  H  Æ  R  Ð  U  R  G  K
T  G  A  I  X  Z  Þ  U  R  R  M  L  R  R
U  Ð  N  P  T  F  L  É  T  T  U  M  Á  U
R  U  S  S  V  A  R  T  L  Ð  C  Ð  R  L
Z  R  A  T  T  Q  Ð  Þ  K  A  X  A  O  L
P  I  N  U  G  F  S  C  E  U  N  B  F  A
O  X  D  T  R  T  R  P  Q  B  Ð  G  O  N
R  G  I  T  H  E  Þ  Y  K  K  U  R  T  K
```

HVÍTUR	LJÓSHÆRÐUR
GLANSANDI	LANGT
KRULLA	BRÚNT
SKÖLLÓTTUR	SILFUR
GRÁR	SVART
LITAÐ	HEILBRIGÐUR
STUTT	ÞURR
HROKKIÐ	MJÚKUR
ÞUNNUR	FLÉTTUM
ÞYKKUR	FLÉTTUR

67 - Formas

```
A R C M A R G H Y R N I N G
S P O R Ö S K J U L A G A A
F E R N I N G U R P R I S M
Þ R Í H Y R N I N G U R C L
R É T T H Y R N I N G U R Í
S E E F R Y S H G Z J S G N
T X N X I N P Ý R A M Í D A
R U I P N H O E H L I Ð S S
O F N Ð G O R R R O H T H J
K E G Ð U Þ B Y I B R P H O
K R U K Q R A H V I O N L Y
A I R Þ Ú F U A P Ð B L X C
G L K F C L G K E I L A A E
P L V C F Q A D N Q Ð F D C
```

ARC
HORN
STROKKA
HRING
KEILA
TENINGUR
FERILL
SPORBAUG
KÚLA
HYPERBOLA

HLIÐ
LÍNA
SPORÖSKJULAGA
PÝRAMÍDA
MARGHYRNING
PRISM
FERNINGUR
RÉTTHYRNINGUR
ÞRÍHYRNINGUR

68 - Dias e Meses

```
F R X M Á N U Ð U R S F V V
F Ö E X E J J C B D U Q T Ð
M I S R Z S H N J A N Ú A R
Á Y M T X S V Þ Ú G N V P S
N L K M U D I C N A U D R N
U J P Y T D K N Í T D E Í Ó
D Z F F M U A R C A A S L V
A H O F W Z D G K L G E S E
G O K Ð Á R V A U Þ U M U M
U Ð T M C G Ð M G R R B Q B
R V Ó L X Þ Ú Á R U Q E M E
F E B R Ú A R S Z N R R T R
Þ T E Y H S E P T E M B E R
U H R G B Q C J Ú L Í S U G
```

APRÍL	JÚNÍ
ÁGÚST	MÁNUÐUR
ÁR	NÓVEMBER
DAGATAL	OKTÓBER
DESEMBER	FIMMTUDAGUR
SUNNUDAGUR	MÁNUDAGUR
FEBRÚAR	VIKA
JANÚAR	SEPTEMBER
JÚLÍ	FÖSTUDAGUR

69 - Geografia

```
Y F I R R Á Ð A S V Æ Ð I Q
N N P C Þ Y B O R G I F D K
R V E S T U R Z I J H J Y S
M Y M V E Ð E V V A L A N D
K E H Æ Ð D I Q E B O L F K
U O R Ð Q T D Q R F Þ L E Q
A F R I L N D S U Ð U R Y U
Á A E T D S J Ó E C U N J U
L Þ Ð Z H I J A R Ð A R A W
F I Þ L E D A T L A S S N S
U Ð M Q I B R N F C L S M R
N Q W Z M H B V Q P D X Þ K
N O R Ð U R R X U Z K N K A
I D N N R J O Þ G Ð F Z R P
```

HÆÐ	FJALL
ATLAS	HEIMUR
BORG	NORÐUR
ÁLFUNNI	HAF
JARÐAR	VESTUR
EYJA	LAND
BREIDD	SVÆÐI
KORT	RIVER
SJÓ	SUÐUR
MERIDIAN	YFIRRÁÐASVÆÐI

70 - Antártica

```
E  V  Ð  W  G  U  X  Á  L  F  U  N  N  I
Ð  Y  P  J  F  Z  N  Z  A  S  M  R  A  Þ
M  X  J  Ö  K  L  A  R  N  K  H  O  Þ  R
J  Q  J  A  U  C  B  K  D  A  V  C  N  A
L  C  Q  X  R  O  M  C  A  G  E  K  I  N
Þ  F  S  Í  D  T  O  Ö  F  I  R  Y  V  N
H  I  T  A  S  T  I  G  R  D  F  M  H  S
H  V  E  R  N  D  U  N  Æ  G  I  D  V  Ó
Ð  A  I  F  R  Þ  Q  Þ  Ð  Y  Æ  D  A  K
S  T  N  L  F  Z  V  I  I  M  M  S  L  N
T  N  E  Ó  L  A  N  D  S  L  A  G  I  I
H  D  F  I  L  E  I  Ð  A  N  G  U  R  R
A  H  N  O  H  X  R  K  J  C  O  V  E  F
A  T  I  V  Í  S  I  N  D  L  E  G  T  I
```

UMHVERFI	ÍS
VATN	LANDAFRÆÐI
FLÓI	EYJAR
HVALIR	RANNSÓKNIR
VÍSINDLEGT	STEINEFNI
VERNDUN	SKAGI
ÁLFUNNI	MÖRGÆSIR
COVE	ROCKY
LEIÐANGUR	HITASTIG
JÖKLAR	LANDSLAG

71 - Flores

```
L O F N A R B L Ó M P F H V
Q Z H O G F Ð F D A I S Y Ö
M Z N P A Ð B U Í B G Ð P N
C A L E N D U L A F N N T D
F D G O O T O G A O I D T O
E U U N S Ó L B L Ó M L Þ P
V V I Y O T Ú L I P A N L O
F C O W P L U M E R I A Þ P
V Y E R S H I B I S C U S P
N S Y E C N H A T Y L U E Y
S M Á R I H J A S M I N E L
D B S Ó N U I M E X L Í L A
W E G S G Ð B D G R Y P A W
K Y K R Ó N U B L A Ð C N A
```

VÖND	MAGNOLIA
CALENDULA	DAISY
FÍFILL	ORCHID
TOGA	POPPY
SÓLBLÓM	PEONY
HIBISCUS	KRÓNUBLAÐ
JASMINE	PLUMERIA
LOFNARBLÓM	RÓS
LÍLA	SMÁRI
LILY	TÚLIPAN

72 - Fazenda #1

```
Á  C  H  W  V  I  M  Z  H  Ð  P  Þ  J  D
B  G  U  A  A  S  N  I  R  U  N  N  A  E
U  L  N  E  T  C  W  Q  Í  B  I  W  M  Y
R  A  A  R  N  B  B  I  S  V  Í  N  G  W
Ð  N  N  J  D  G  Í  P  G  E  I  T  I  G
U  D  G  U  Þ  O  I  K  R  Á  K  A  R  K
R  B  H  E  S  T  U  R  J  S  I  V  Ð  Ö
K  Ú  Q  C  Þ  Þ  T  Y  Ó  Q  L  D  I  T
Ý  N  K  J  Ú  K  L  I  N  G  U  R  N  T
R  A  E  Q  M  Z  Á  I  S  M  X  Z  G  U
F  Ð  B  C  S  U  B  L  Z  V  X  B  Z  R
H  U  N  D  U  R  H  D  F  M  X  Ð  X  V
V  R  V  A  B  O  F  E  Y  U  E  Þ  I  X
F  L  O  K  K  U  R  D  Y  F  R  I  Ð  C
```

BÍ	GIRÐING
LANDBÚNAÐUR	KRÁKA
HRÍSGRJÓN	HEY
VATN	ÁBURÐUR
KÁLFUR	KJÚKLINGUR
ASNI	KÖTTUR
GEIT	HUNANG
ENGI	SVÍN
HESTUR	FLOKKUR
HUNDUR	KÝR

73 - Livros

```
A  H  V  I  Ð  E  I  G  A  N  D  I  H  S
Y  S  Ö  G  U  L  E  G  T  B  L  E  X  Ö
Æ  C  N  F  R  U  M  L  E  G  I  E  E  G
R  V  R  N  U  L  E  S  A  N  D  I  S  U
B  O  I  J  P  N  V  S  I  P  Ð  B  K  M
Ó  L  L  N  U  F  D  T  J  P  N  Þ  Á  A
K  M  V  Ð  T  N  S  U  J  Q  W  V  L  Ð
M  L  J  Ó  Ð  Ý  K  O  R  Ð  T  T  D  U
E  U  E  F  K  H  R  E  Ö  D  V  C  S  R
N  Q  U  Þ  T  C  I  I  Ð  S  Í  Ð  A  U
N  N  X  Ð  V  Þ  F  T  F  A  E  Q  G  M
T  N  Y  Þ  R  Q  A  F  V  G  Ð  P  A  O
A  S  A  F  N  R  Ð  S  C  A  L  I  I  W
K  M  R  S  A  M  H  E  N  G  I  Ð  T  C
```

HÖFUNDUR	LESANDI
ÆVINTÝRI	BÓKMENNTA
SAFN	SÖGUMAÐUR
SAMHENGI	ORÐ
TVÍEÐLI	SÍÐA
SKRIFAÐ	LJÓÐ
EPIC	VIÐEIGANDI
SAGA	SKÁLDSAGA
SÖGULEGT	RÖÐ
FRUMLEG	

74 - Chocolate

```
A  Ð  B  O  R  Ð  A  Þ  F  H  K  B  Ð  C
N  H  I  S  Y  K  U  R  R  A  W  A  H  O
D  I  T  A  C  Ó  P  Y  A  N  R  R  K  B
O  T  U  H  D  K  P  C  M  D  R  L  Q  Ó
X  A  R  I  L  O  Á  M  A  V  Þ  H  E  U
U  E  C  C  A  S  H  N  N  E  F  N  I  P
N  I  C  Q  R  H  A  E  D  R  G  E  R  P
A  N  I  B  Q  N  L  T  I  K  L  T  L  S
R  I  X  B  K  E  D  U  F  T  F  U  Y  K
E  N  L  C  R  T  S  U  Þ  Y  T  M  O  R
F  G  W  M  K  A  R  A  M  E  L  L  A  I
N  A  P  Þ  U  Q  G  Æ  Ð  I  E  E  V  F
I  R  W  Z  R  R  K  Ð  S  Æ  T  U  R  T
L  J  Ú  F  F  E  N  G  U  R  F  H  Z  L
```

SYKUR	AÐ BORÐA
BITUR	LJÚFFENGUR
HNETUM	SÆTUR
ANDOXUNAREFNI	FRAMANDI
ILMUR	UPPÁHALDS
HANDVERK	BRAGÐ
KAKÓ	EFNI
HITAEININGAR	DUFT
KARAMELLA	GÆÐI
KÓKOSHNETA	UPPSKRIFT

75 - Profissões #2

```
M R D I U T B V L L F E G C
X Á O N H Z H Ó D Þ Þ F I S
I Þ L C O E Z D N Ð T N P K
R S L A U W B V R D E A H E
Þ Y C D R J O X I X I F D N
G P Ð Y Ð I M Y M E K R B N
E Ú T G E F A N D I N Æ M A
I F L R M F L U G M A Ð U R
M C O M Ð G S T M M R I E I
F T A N N L Æ K N I I N V L
A B L A Ð A M A Ð U R G S Æ
R A N N S Ó K N I R U U U K
I S L J Ó S M Y N D A R I N
L Í F F R Æ Ð I N G U R R I
```

BÓNDI	RANNSÓKNIR
GEIMFARI	BLAÐAMAÐUR
LÍFFRÆÐINGUR	LÆKNI
TANNLÆKNI	FLUGMAÐUR
ÚTGEFANDI	MÁLARI
LJÓSMYNDARI	KENNARI
TEIKNARI	EFNAFRÆÐINGUR

76 - Fazenda #2

```
P  N  J  S  B  Z  Ö  M  F  U  K  D  T  R
I  G  Y  T  Ý  E  N  G  I  F  N  A  U  F
T  H  I  K  F  K  D  Y  W  L  N  M  T  Q
A  I  B  A  L  D  I  N  G  A  R  Ð  U  R
B  Y  G  G  U  B  H  N  S  M  J  Ó  L  K
A  T  J  B  G  Ó  V  T  D  A  Y  D  K  E
F  P  A  U  N  N  E  V  L  D  J  N  O  Þ
H  D  L  B  A  D  I  T  E  Ý  H  H  L  Ð
W  I  L  C  B  I  T  V  Ð  R  I  Ð  Z  H
H  K  R  V  Ú  J  I  Á  V  E  I  T  U  I
L  K  R  Ð  H  L  Ö  Ð  U  H  D  A  E  K
A  D  O  X  I  Á  V  Ö  X  T  U  R  W  B
M  Ý  L  R  D  R  Á  T  T  A  R  V  É  L
B  R  A  E  N  Þ  R  O  S  K  A  Ð  U  R
```

BÓNDI   ÞROSKAÐUR
DÝR   KORN
HLÖÐU   KIND
BYGG   HIRÐIR
BÝFLUGNABÚ   ÖND
LAMB   ALDINGARÐUR
ÁVÖXTUR   ENGI
ÁVEITU   DRÁTTARVÉL
MJÓLK   HVEITI
LAMADÝR

77 - Jardim

```
G A L D I N G A R Ð U R T L
R R J L J Þ Q Z Z V D B R M
A K A A H C C V V E N H É Z
S Ð F S R E K O U R B U S H
T I L K F Ð N F R Ö Í Q Ð T
B L Ó M V L V G E N L U S R
U L G D I Ð Ö E I D S E P A
S G A R Þ G Z T G R K O H M
H R Í F A J M K B U Ú E T P
U E P Þ C V T O E R M J Ó
C S G A R Ð U R K L S O Ö L
G I R Ð I N G M K B J K R Í
M H D S L Ö N G U N A A N N
V Í N V I Ð U R R Þ E Þ W W
```

HRÍFA   GARÐUR
BUSH   TJÖRN
TRÉ   HENGIRÚM
BEKKUR   SLÖNGUNA
GIRÐING   MOKA
ILLGRESI   ALDINGARÐUR
BLÓM   JARÐVEGUR
BÍLSKÚR   VERÖND
GRAS   TRAMPÓLÍN
GRASFLÖT   VÍNVIÐUR

78 - Oceano

```
S  J  Á  V  A  R  F  Ö  L  L  P  P  G  H
E  H  V  Þ  R  F  Þ  R  O  S  T  R  A  V
H  Þ  X  M  H  Æ  R  Q  B  T  Ú  A  C  A
C  B  K  A  H  Á  K  A  R  L  N  S  F  L
P  Q  S  I  A  Á  U  J  F  I  F  F  K  U
H  J  K  S  Q  L  G  G  A  Q  I  M  O  R
Þ  Ö  S  K  U  L  Q  V  H  Þ  S  A  L  T
U  Ö  F  K  Ó  R  A  L  L  A  K  R  K  S
K  Ð  R  R  F  I  S  K  U  R  U  G  R  T
Ð  X  W  U  U  H  V  W  E  I  R  L  A  O
V  B  Ð  I  N  N  K  K  T  F  E  Y  B  R
B  Á  T  U  R  G  G  B  C  O  A  T  B  M
K  R  A  B  B  I  A  U  A  B  A  T  I  U
Z  S  V  A  M  P  U  R  R  A  V  A  P  R
```

ÞÖRUNGA   SJÁVARFÖLL
TÚNFISKUR   MARGLYTTA
HVALUR   OSTRA
BÁTUR   FISKUR
RÆKJA   KOLKRABBI
KRABBI   RIF
KÓRALL   SALT
ÁLL   STORMUR
SVAMPUR   HÁKARL
HÖFRUNGUR

79 - Profissões #1

```
Ð  Í  E  W  J  S  C  V  F  R  E  Y  L  S
L  S  Þ  M  S  K  L  Í  U  F  X  L  A  Á
Þ  E  K  R  J  A  L  S  Ð  F  L  Æ  V  L
J  N  L  I  Ó  R  E  I  Q  G  I  K  E  F
Á  D  Æ  T  M  T  H  N  A  S  N  I  R
L  I  Ð  S  A  G  T  D  I  F  T  I  Ð  Æ
F  H  S  T  Ð  R  D  A  N  S  A  R  I  Ð
A  E  K  J  U  I  P  M  M  N  M  P  M  I
R  R  E  Ó  R  P  T  A  L  A  A  O  A  N
I  R  R  R  P  I  J  Ð  Þ  F  Ð  B  Ð  G
T  A  I  I  B  R  A  U  O  R  U  U  U  U
L  Ö  G  M  A  Ð  U  R  S  E  R  M  R  R
P  X  B  A  N  K  A  S  T  J  Ó  R  I  Z
E  N  D  U  R  S  K  O  Ð  A  N  D  I  Y
```

LÖGMAÐUR	DANSARI
KLÆÐSKERI	LÆKNIR
LISTAMAÐUR	RITSTJÓRI
ÍÞRÓTTAMAÐUR	SENDIHERRA
BANKASTJÓRI	SKARTGRIPIR
VEIÐIMAÐUR	SJÓMAÐUR
VÍSINDAMAÐUR	SÁLFRÆÐINGUR
ENDURSKOÐANDI	ÞJÁLFARI

80 - Campeonato

```
S  T  Z  F  Z  F  M  V  R  K  Í  Þ  W  Ð
T  D  A  R  T  F  Ó  E  M  A  Þ  J  Ð  U
E  E  Ó  A  B  H  T  G  I  O  R  Á  Þ  I
F  I  N  M  O  S  Z  N  Y  S  Ó  L  E  P
N  L  Q  M  A  Ú  Þ  R  E  K  T  F  Q  O
U  D  L  I  Ð  R  H  V  C  J  T  A  C  U
M  L  I  S  I  S  I  V  V  R  I  R  R  S
E  E  J  T  Z  L  O  I  A  Q  R  I  G  I
D  I  O  A  N  I  Z  H  O  T  U  P  N  G
A  K  O  Ð  T  T  N  V  W  L  N  Y  Y  U
L  I  H  A  Ú  R  S  L  I  T  A  I  Ð  R
Í  R  C  M  D  I  Þ  K  E  S  O  F  N  X
A  T  V  D  R  U  O  T  Þ  L  K  N  A  G
Þ  H  P  S  V  K  S  S  U  Y  L  N  G  K
```

MEISTARI   DÓMARI
ÚRSLITA   DEILD
FRAMMISTAÐA   MEDALÍA
LIÐ   HVATNING
ÍÞRÓTTIR   ÞREK
STEFNU   MÓT
ÚRSLIT   ÞJÁLFARI
LEIKIR   SIGUR

81 - Castelos

```
D  I  V  N  O  Q  U  Þ  D  M  W  H  V  F
Y  L  Í  I  R  Q  E  H  E  I  M  S  V  E
N  P  G  I  Í  B  R  Y  N  J  A  V  H  U
A  R  I  D  K  Ó  R  Ó  N  A  U  E  E  D
S  I  P  R  I  N  S  D  L  N  N  R  S  A
T  N  O  E  G  Ö  F  U  G  T  I  Ð  T  L
Y  S  B  K  V  Z  G  O  U  U  C  H  U  W
L  E  K  I  W  E  O  N  C  R  O  Ö  R  R
H  S  M  H  Q  Þ  G  Y  E  N  R  L  P  N
F  S  T  N  G  M  J  G  Ð  K  N  L  Þ  L
C  A  T  A  P  U  L  T  B  P  W  R  Y  Z
Ð  F  T  A  D  N  S  K  J  Ö  L  D  U  R
R  I  D  D  A  R  I  J  N  D  F  L  Q  N
Þ  W  O  K  Y  E  M  F  I  Y  Ð  C  O  I
```

BRYNJA	VÍGI
CATAPULT	HEIMSVE
RIDDARI	GÖFUGT
HESTUR	HÖLL
KÓRÓNA	VEGG
DYNASTY	PRINSESSA
DREKI	PRINS
SKJÖLDUR	RÍKI
SVERÐ	TURN
FEUDAL	UNICORN

82 - Escola # 2

```
V  B  L  F  S  K  Æ  R  I  U  Q  B  G  D
I  L  E  Y  T  I  T  Z  H  U  Y  Ó  O  A
S  Ý  I  B  A  K  P  O  K  I  Z  K  B  G
T  A  K  O  R  Ð  A  B  Ó  K  T  M  Ó  A
I  N  I  N  F  U  V  U  M  K  Ö  E  K  T
R  T  R  U  S  D  V  D  N  M  L  N  A  A
D  U  I  M  E  N  N  T  U  N  V  N  S  L
N  R  Q  G  M  A  B  I  P  M  U  T  A  X
Ð  H  O  Z  I  Ð  I  Æ  L  A  C  I  F  J
K  E  N  N  A  R  I  P  K  E  P  R  N  Þ
M  Á  L  F  R  Æ  Ð  I  W  U  S  P  N  M
A  K  A  D  E  M  Í  S  K  T  R  T  Í  H
V  Í  S  I  N  D  I  B  E  B  F  G  U  R
D  S  T  Æ  R  Ð  F  R  Æ  Ð  I  F  F  R
```

AKADEMÍSKT	BLÝANTUR
STARFSEMI	LESTUR
BÓKASAFN	BÓKMENNTIR
DAGATAL	BÆKUR
VÍSINDI	STÆRÐFRÆÐI
TÖLVU	BAKPOKI
ORÐABÓK	PAPPÍR
MENNTUN	KENNARI
MÁLFRÆÐI	VISTIR
LEIKIR	SKÆRI

83 - Abelhas

```
T  T  Y  O  W  Á  V  P  N  B  X  Ð  B  R
G  A  R  Ð  U  R  V  L  I  D  L  Ð  L  S
R  E  Y  K  U  R  Æ  Ö  C  R  X  Ó  Ó  Z
R  K  Q  T  Q  U  N  N  X  O  U  S  M  B
U  Þ  Z  L  O  N  G  T  J  T  H  K  S  Ý
I  C  B  Z  S  L  I  U  Q  T  U  O  T  F
S  F  R  J  Ó  K  O  R  N  N  R  R  L
G  A  G  N  L  E  G  A  Þ  I  A  D  A  U
B  Ú  S  V  Æ  Ð  I  J  W  N  N  Ý  T  G
H  X  A  G  A  W  I  V  S  G  G  R  C  N
J  Þ  T  A  Y  X  G  W  I  Z  L  M  P  A
V  I  T  L  S  E  W  S  K  V  I  K  O  B
F  J  Ö  L  B  R  E  Y  T  N  I  M  F  Ú
V  I  S  T  K  E  R  F  I  J  P  T  B  E
```

VÆNGI   REYKUR
GAGNLEG   BÚSVÆÐI
VAX   SKORDÝR
BÝFLUGNABÚ   GARÐUR
FJÖLBREYTNI   HUNANG
VISTKERFI   PLÖNTUR
KVIK   FRJÓKORN
BLÓMSTRA   DROTTNING
BLÓM   SÓL
ÁVÖXTUR

84 - Banheiro

```
Q  H  Ð  K  H  E  P  L  L  Y  S  G  V  K
X  K  B  B  A  Ð  B  U  K  N  A  Ó  Þ  X
S  S  R  A  N  N  P  Þ  C  R  L  L  B  V
P  I  A  S  D  I  U  T  P  P  E  F  P  J
E  F  N  Á  K  L  W  T  F  R  R  M  A  P
G  Z  N  P  L  E  H  E  N  O  N  O  W  X
I  U  D  A  Æ  Þ  S  K  Æ  R  I  T  R  K
L  S  F  A  Ð  J  T  F  H  M  L  T  A  U
L  J  V  U  I  S  U  Q  M  A  M  A  H  K
Q  A  A  A  K  R  R  T  L  T  V  M  V  S
P  M  T  H  M  S  T  H  C  J  A  K  O  B
Z  P  N  U  Y  P  U  Q  D  X  T  G  O  E
S  Ó  O  O  U  V  U  Z  T  Ð  N  P  X  U
Q  L  K  Ú  L  A  Þ  R  K  X  L  Ð  Q  Z
```

VATN	ILMVATN
SALERNI	SÁPA
BAÐ	GÓLFMOTTA
KÚLA	SKÆRI
STURTU	HANDKLÆÐI
SPEGILL	BRANN
SVAMPUR	GUFU
KREM	SJAMPÓ

85 - Ciência

```
V P J X I K X T T I E Þ S A
D Í S F P E H I I E Ð Y P T
K Ð S L L C U L L G L N T H
G V L I Ö Þ H G R A I G U U
S W B H N D U Á A Y S D N G
A I F L T D T T U N F A Á U
M Þ R Ó U N A A N R R R T N
E L F A R Ð Ð M U K Æ A T A
I Y A T Ó M F N A J Ð F Ú G
N X L Í F V E R U Ð I L R N
D G Ö G N U R P R X U S A I
I F O L V E Ð U R F A R N R
R S T E I N E F N I E F N I
H D S T A Ð R E Y N D B C L
```

ATÓM
VÍSINDAMAÐUR
VEÐURFAR
GÖGN
ÞRÓUN
TILRAUN
STAÐREYND
EÐLISFRÆÐI
ÞYNGDARAFL
TILGÁTA

AÐFERÐ
STEINEFNI
SAMEINDIR
NÁTTÚRAN
ATHUGUN
LÍFVERU
AGNIR
PLÖNTUR
EFNI

86 - Cores

```
F F U C H S I A P R H S D L
J C I E P H V Í T U R G H X
Ó J O W A D S A J W E Þ B Z
L B U N W D N G R Æ N T L U
U L B R Ú N T H A T X E Á Ð
B Á L A M F G M U D Q B G M
L R E S P V F P Ð W A T R A
Á I I U E P H F U Y H E Æ G
R B K E D C E A R G D Q N E
Þ E U G F J Ó L A Ð P R N N
Y I R R C N H W S E P I A T
V G G Á G U L U R Í D S E A
R E A R F X Þ M L A N V T B
X V E K S K E A Y A M A Z C
```

GULUR   BRÚNT
BLÁR   SVART
BEIGE   BLEIKUR
HVÍTUR   FJÓLUBLÁR
BLÁGRÆNN   SEPIA
GRÁR   GRÆNT
FUCHSIA   RAUÐUR
APPELSÍNA   FJÓLA
MAGENTA

87 - Comida #1

```
Z R A S P Í N A T Ð V E M L
K A K A A M S J P E P M A E
G P U L X L Í A N Æ P A M O
L L F A S A T R X O X V R F
M J Þ T V U R Ð Þ S Y K U R
B Y G G R K Ó A P S E U A S
R A Þ F C U N R R Ú I D P Y
H Q S T C R U B U P Ð O R S
G N U I O T L E L A L Ð Í M
I Z E S L F A R S A F A K J
Y S Z T Ú N F I S K U R Ó Ó
A J C Þ U K A N I L B C S L
H V Í T L A U K U R B M A K
B E G U L R Ó T Ð R Q B Þ W
```

SYKUR	SPÍNAT
HVÍTLAUKUR	MJÓLK
HNETU	SÍTRÓNU
TÚNFISKUR	BASIL
KAKA	JARÐARBER
KANIL	NÆPA
LAUKUR	SALT
GULRÓT	SALAT
BYGG	SÚPA
APRÍKÓSA	SAFA

88 - Pássaros

```
D  Þ  J  E  R  N  Ö  T  O  U  C  A  N  G
K  J  Ú  K  L  I  N  G  U  R  C  R  Ð  A
B  A  J  P  V  E  D  S  V  A  N  U  R  U
Q  N  N  E  W  Ð  C  K  T  A  L  E  T  K
H  Ð  X  A  L  I  Y  R  V  O  H  I  M  U
M  A  P  C  R  W  T  Á  A  W  R  P  I  R
Ö  R  N  O  L  Í  D  K  U  G  V  K  V  P
R  P  P  C  P  Á  F  A  G  A  U  K  U  R
G  Æ  S  K  S  E  K  U  E  S  C  E  F  R
Æ  J  E  Z  L  Y  L  R  G  A  R  C  P  X
S  T  R  Ú  T  U  R  I  G  L  Þ  F  Z  Z
S  P  A  R  R  O  W  F  C  M  Á  F  U  R
F  L  A  M  I  N  G  O  A  A  N  Ð  V  Q
G  H  E  R  O  N  C  Ð  X  O  N  M  C  L
```

STRÚTUR	GÆS
ÖRN	HERON
KANARÍFUGL	EGG
STORKUR	PÁFAGAUKUR
SVANUR	SPARROW
KRÁKA	ÖND
GAUKUR	PEACOCK
FLAMINGO	PELICAN
KJÚKLINGUR	MÖRGÆS
MÁFUR	TOUCAN

89 - Virtudes #1

```
H  J  Á  L  P  S  A  M  U  R  P  Y  P  G
P  Þ  C  T  A  F  G  E  R  A  N  D  I  Z
F  I  H  A  G  N  Ý  T  Ó  H  Á  Ð  U  R
W  G  U  F  O  R  V  I  T  I  N  N  H  D
G  Ó  Ð  U  R  Z  E  V  H  Ð  R  T  A  M
H  R  E  I  N  T  L  I  S  T  R  Æ  N  N
Ö  R  L  Á  T  U  R  T  N  W  A  I  C  Ö
F  Y  N  D  I  Ð  E  U  G  D  V  J  R  R
F  A  H  Ó  G  V  Æ  R  E  M  U  U  A  U
G  T  S  K  I  L  V  I  R  K  U  R  A  G
H  U  G  M  Y  N  D  A  R  Í  K  U  R  G
H  E  I  L  L  A  N  D  I  R  G  S  A  U
H  Á  S  T  R  Í  Ð  U  F  U  L  L  U  R
S  J  Ú  K  L  I  N  G  U  R  B  J  Y  C
```

ÁSTRÍÐUFULLUR   HUGMYNDARÍKUR
LISTRÆNN   ÓHÁÐUR
GÓÐUR   GREINDUR
ÖRUGGUR   HREINT
FORVITINN   HÓGVÆR
AFGERANDI   SJÚKLINGUR
SKILVIRKUR   HAGNÝT
HEILLANDI   VITUR
FYNDIÐ   HJÁLPSAMUR
ÖRLÁTUR

90 - Literatura

```
S  L  Ý  S  I  N  G  R  E  I  N  I  N  G
T  Í  U  S  K  Á  L  D  S  K  A  P  U  R
Í  K  W  Ö  Y  L  C  J  R  Í  M  E  M  I
L  I  A  G  W  I  Y  B  Ó  Q  E  Z  R  T
F  N  O  U  F  T  M  H  E  Ð  F  P  Æ  H
C  G  B  M  N  I  Ð  U  R  S  T  A  Ð  A
Z  A  J  A  N  Þ  R  T  Ð  I  Q  Þ  U  R
Z  R  H  Ð  U  L  P  X  A  F  S  W  W  M
H  Ö  F  U  N  D  U  R  H  K  M  X  F  L
R  D  P  R  Q  X  T  I  Þ  G  T  B  N  E
Þ  Æ  V  I  S  A  G  A  Y  F  Q  U  Y  I
X  E  M  Y  N  D  L  Í  K  I  N  G  R  K
E  P  M  S  K  Á  L  D  S  A  G  A  Z  U
U  Z  S  A  M  A  N  B  U  R  Ð  U  R  R
```

LÍKINGAR	SKÁLDSKAPUR
GREINING	MYNDLÍKING
E.	SÖGUMAÐUR
HÖFUNDUR	ÁLIT
ÆVISAGA	LJÓÐ
SAMANBURÐUR	RÍM
NIÐURSTAÐA	TAKTUR
LÝSING	SKÁLDSAGA
UMRÆÐU	ÞEMA
STÍL	HARMLEIKUR

91 - Clima

```
R  E  G  N  B  O  G  I  S  H  G  G  T  D
V  I  N  D  U  R  X  R  T  I  V  O  Ð  D
C  N  D  Q  K  G  Q  J  J  T  Þ  M  L  V
S  K  Ý  H  E  S  K  E  Ó  A  C  O  W  A
T  R  O  P  I  C  A  L  R  S  J  N  Í  S
O  H  L  T  D  A  H  D  N  T  V  S  T  W
R  I  K  N  O  B  N  I  M  I  E  Ú  F  U
M  M  B  P  P  R  I  N  Á  G  Ð  N  B  Þ
U  I  U  A  O  K  N  G  L  Þ  U  R  R  T
R  N  U  E  L  I  P  A  Ð  D  R  I  U  E
Þ  N  I  D  A  A  L  U  D  G  F  Y  W  V
P  Ó  Þ  U  R  R  K  A  R  O  A  T  E  Þ
M  M  K  Þ  R  U  M  U  R  J  R  Y  Z  E
M  G  B  A  F  E  L  L  I  B  Y  L  U  R
```

REGNBOGI
STJÓRNMÁL
GOLA
HIMINN
VEÐURFAR
FELLIBYLUR
ÍS
MONSÚN
ÞÓKA
SKÝ

POLAR
ELDING
ÞURRKAR
ÞURRT
HITASTIG
STORMUR
TORNADO
TROPICAL
ÞRUMUR
VINDUR

92 - Tecnologia

```
E  V  R  M  U  Þ  Þ  R  Q  W  D  T  J  C
Y  Z  A  Y  M  U  A  A  Q  S  A  Ö  P  H
W  P  U  N  P  T  U  N  I  T  Ö  L  V  U
B  E  N  D  I  L  L  N  M  A  U  F  N  G
V  G  V  A  G  Z  Þ  S  Ð  F  Ð  R  X  B
L  Q  E  V  L  T  I  Ó  R  R  K  Æ  S  Ú
D  Þ  R  É  T  M  V  K  Ö  Æ  Y  Ð  S  N
H  T  U  L  G  P  P  N  R  N  V  I  S  A
S  K  L  M  Y  B  E  I  Y  K  E  B  K  Ð
K  V  E  B  W  Æ  C  R  G  F  I  Q  R  U
J  A  G  L  E  T  U  R  G  E  R  Ð  Á  R
Á  F  U  O  C  I  S  K  I  L  A  B  O  Ð
R  R  R  G  N  E  T  I  Ð  P  G  Ö  G  N
R  A  O  G  B  Z  B  L  Q  Y  G  Þ  T  A
```

SKRÁ
BLOGG
BÆTI
MYNDAVÉL
TÖLVU
BENDILL
GÖGN
STAFRÆN
TÖLFRÆÐI
LETURGERÐ

NETIÐ
SKILABOÐ
VAFRA
RANNSÓKNIR
ÖRYGGI
HUGBÚNAÐUR
SKJÁR
RAUNVERULEGUR
VEIRA

93 - Arte

```
S  A  N  B  M  Á  L  V  E  R  K  Q  X  C
K  E  R  A  M  I  K  G  F  L  Ó  K  I  Ð
L  T  H  Ö  G  G  M  Y  N  D  J  W  B  P
F  Ý  Þ  O  U  C  Y  B  I  S  E  Ó  S  N
M  Q  S  A  H  X  N  N  L  S  E  G  Ð  X
Q  J  S  A  P  E  D  P  T  Á  K  N  V  S
S  Ú  R  R  E  A  L  I  S  M  I  A  W  J
E  S  A  M  S  E  T  N  I  N  G  Y  P  Ó
I  N  N  B  L  Á  S  T  U  R  X  L  J  N
N  Ð  C  H  E  I  Ð  A  R  L  E  G  U  R
F  P  E  R  S  Ó  N  U  L  E  G  T  D  Æ
A  O  R  I  G  I  N  L  E  G  T  Þ  L  N
L  Ð  P  F  D  X  D  I  M  E  Q  Ð  S  L
T  V  Þ  V  M  V  L  T  Z  M  K  U  Q  T
```

KERAMIK   PERSÓNULEGT
FLÓKIÐ   MÁLVERK
SAMSETNING   LJÓÐ
HÖGGMYND   LÝSA
SEGÐ   EINFALT
MYND   TÁKN
HEIÐARLEGUR   EFNI
SKAP   SÚRREALISMI
INNBLÁSTUR   SJÓNRÆN
ORIGINLEGT

94 - Dinossauros

```
U  G  G  N  E  P  J  T  V  J  Y  F  V  C
H  S  Í  T  F  H  H  E  Æ  U  B  O  T  T
Þ  T  Z  F  F  V  P  G  N  R  S  R  T  S
C  Æ  L  Ð  U  A  K  U  G  T  K  S  X  N
Þ  R  Ó  U  N  R  J  N  I  A  R  Ö  F  M
K  Ð  N  F  X  F  L  D  G  Æ  I  G  P  A
B  J  Þ  P  S  D  Þ  E  C  T  Ð  U  Ö  M
L  J  Ö  H  A  L  I  R  G  A  D  L  F  M
Y  L  O  T  J  T  E  F  T  U  Ý  E  L  O
D  C  K  P  Æ  F  I  G  M  H  R  G  U  T
B  O  T  Ð  L  T  X  C  R  J  D  U  G  H
R  D  I  L  T  W  A  E  W  F  Ö  M  U  D
Á  S  T  Ó  R  G  R  I  M  M  U  R  R  P
Ð  O  M  N  I  V  O  R  E  Y  I  W  Ð  V
```

VÆNGI	MAMMOTH
KJÖTÆTA	OMNIVORE
HALI	ÖFLUGUR
HVARF	BRÁÐ
GÍFURLEGUR	FORSÖGULEGUM
TEGUND	SKRIÐDÝR
ÞRÓUN	STÆRÐ
STÓR	JÖRÐ
JURTAÆTA	GRIMMUR

95 - Esportes

```
N Q C Í B Þ Ð D Q G O L F N
U D E H Þ T X C Þ K T E T V
V V A L A R Ð M K Ð Þ I K H
A T L E E F Ó G Q H O K K Í
K K H S Þ I N T B Q W F S I
D Ó M A R I K A T Z P I I C
L I Ð M J U Q U B A O M F R
H K U T Y H U V R O H I Þ E
B T V Ö L L I N N Þ L Ú E I
L E I K M A Ð U R J X T S Ð
X N K Ö R F U B O L T I I H
A N S I G U R V E G A R I J
W I Y V O S Ú R S L I T A Ó
J S R Þ J Á L F A R I R X L
```

DÓMARI	LEIKFIMI
KÖRFUBOLTI	GOLF
HAFNABOLTI	HOKKÍ
REIÐHJÓL	LEIKMAÐUR
ÚRSLITA	LEIKUR
LIÐ	SAMTÖK
VÖLLINN	TENNIS
SIGURVEGARI	ÞJÁLFARI
ÍÞRÓTTAHÚS	

96 - Comida # 2

```
S  F  K  J  Ú  K  L  I  N  G  U  R  W  N
P  K  I  Í  Þ  G  B  A  N  A  N  I  Z  E
E  I  I  S  V  T  Ó  M  A  T  A  X  D  E
R  R  W  N  K  Í  A  R  T  I  H  O  K  E
G  S  T  S  K  U  H  X  J  N  V  A  H  G
I  U  O  Ú  D  A  R  S  V  E  P  P  I  R
L  B  S  K  S  Q  Í  M  W  P  C  J  V  L
K  E  T  K  J  A  S  K  O  L  B  I  Í  W
Á  R  U  U  Ó  I  G  W  U  I  J  T  N  Ð
L  E  R  L  G  Ð  R  M  Ö  N  L  U  B  L
G  G  J  A  Ú  H  J  M  L  E  Ð  G  E  N
O  G  Y  Ð  R  Q  Ó  U  M  V  O  O  R  P
H  V  E  I  T  I  N  B  X  V  P  F  G  C
E  G  G  A  L  D  I  N  J  O  Ð  L  B  R
```

ARTIHOKE	JÓGÚRT
MÖNLU	KÍVÍ
HRÍSGRJÓN	EPLI
BANANI	EGG
EGGALDIN	FISKUR
SPERGILKÁL	SKINKA
KIRSUBER	OSTUR
SÚKKULAÐI	TÓMAT
SVEPPIR	HVEITI
KJÚKLINGUR	VÍNBER

97 - Barcos

```
K  V  J  P  S  W  G  K  Ð  M  H  U  Ð  F
M  A  S  T  U  R  U  A  Þ  Á  X  A  O  J
P  Þ  N  S  L  U  C  J  A  H  V  R  F  Ö
M  J  N  Ó  D  G  C  A  K  Ö  É  R  I  R
F  L  E  K  I  Q  K  K  K  F  L  Z  W  U
B  H  Y  K  S  J  H  X  E  N  U  D  E  P
R  T  E  S  J  V  E  J  R  B  Y  U  U  H
Y  Y  A  J  Ó  J  Q  Þ  I  A  U  V  L  R
G  S  J  Ó  M  A  N  N  A  U  I  M  F  I
G  R  N  M  S  T  Ö  Ð  U  V  A  T  N  V
J  E  A  A  S  N  E  K  K  J  U  Þ  N  E
U  I  U  Ð  F  E  R  J  A  O  H  J  Y  R
S  P  R  U  P  V  L  H  T  C  K  K  E  A
S  I  F  R  A  O  B  V  F  Z  R  Þ  M  D
```

AKKERI	SJÓ
FERJA	FJÖRU
BAU	SJÓMAÐUR
KAJAK	MASTUR
KANÓ	VÉL
REIPI	SJÓMANNA
BRYGGJU	HAF
SNEKKJU	ÖLDUR
FLEKI	RIVER
STÖÐUVATN	ÁHÖFN

98 - Piratas

```
H  E  L  L  I  T  A  F  W  G  V  W  U  Á
F  Þ  H  T  W  Y  K  Q  R  U  N  P  W  T
S  J  M  E  I  E  K  O  S  L  E  K  P  T
V  Ó  S  Y  P  X  E  D  R  L  D  Þ  T  A
E  Ð  L  J  N  E  R  C  Q  T  L  B  P  V
R  S  Æ  A  F  T  I  L  Y  B  Ö  R  Á  I
Ð  A  M  Æ  V  I  N  T  Ý  R  I  N  F  T
Á  G  T  R  O  M  M  R  X  V  V  N  A  A
H  A  Y  J  B  A  N  J  Q  P  O  D  G  T
Ö  W  L  Z  K  G  S  C  S  R  A  V  A  R
F  N  H  H  Æ  T  T  A  F  R  N  C  U  Ð
N  F  E  K  A  P  T  E  I  N  R  L  K  R
Y  P  N  G  W  F  F  J  A  R  A  H  U  T
F  J  Á  R  S  J  Ó  Ð  U  R  K  R  R  Y
```

ÆVINTÝRI	SLÆMT
AKKERI	MYNT
ÁTTAVITA	HAF
KAPTEIN	GULL
HELLI	PÁFAGAUKUR
ÖR	HÆTTA
SVERÐ	FJARA
EYJA	ROMM
ÞJÓÐSAGA	FJÁRSJÓÐUR
KORT	ÁHÖFN

99 - Mamíferos

```
G E K P Y W B K Z L F X D I
Ó Ð A I Þ M D K H J F U G C
R U N Þ N O Y Ú F Ó B T K X
I I Í H L D M L L N L U F Z
L N W F O X F C F H W Q X
L H A N M L Q U I Q A K Þ G
A V P A Z E B R A W O L E Í
R A H U N D U R E F U R D R
S L É T T U Ú L F U R E H A
O U K Ö T T U R L V H F E F
B R M H Ö F R U N G U R S F
K E N G Ú R A A P I C O T I
S D S F Í L P C I O C M U U
B Q X U Q Z S B E A V E R M
```

HVALUR	GÍRAFFI
ÚLFALDA	HÖFRUNGUR
KENGÚRA	GÓRILLA
BEAVER	LJÓN
HESTUR	ÚLFUR
HUNDUR	API
KANÍNA	KIND
SLÉTTUÚLFUR	REFUR
FÍL	NAUT
KÖTTUR	ZEBRA

100 - Atividades e Lazer

```
K  H  T  K  Ö  R  F  U  B  O  L  T  I  G
G  A  B  F  Ó  T  B  O  L  T  I  Á  A  O
X  F  P  L  R  L  I  S  T  E  Q  H  W  L
O  N  X  P  A  K  Ö  F  U  N  B  U  Ð  F
U  A  Q  Z  A  K  R  P  W  N  Z  G  L  H
E  B  B  R  H  K  C  X  L  I  D  A  W  W
W  O  K  O  W  F  S  A  R  S  M  M  T  I
Þ  L  W  Þ  X  L  N  T  Y  X  M  Á  V  C
Ú  T  J  Æ  Ð  A  G  U  U  C  D  L  M  D
S  I  Q  Z  J  H  V  F  E  R  Ð  A  S  T
X  H  N  E  F  A  L  E  I  K  A  R  Q  U
S  F  M  Á  L  V  E  R  K  V  E  I  Ð  I
G  Ö  N  G  U  F  E  R  Ð  I  R  Ð  F  Z
A  F  S  L  A  P  P  A  N  D  I  A  Þ  W
```

ÚTJÆÐA	ÁHUGAMÁL
LIST	KÖFUN
KÖRFUBOLTI	SUND
HAFNABOLTI	VEIÐI
HNEFALEIKAR	MÁLVERK
GÖNGUFERÐIR	AFSLAPPANDI
KAPPAKSTUR	TENNIS
FÓTBOLTI	FERÐAST
GOLF	BLAK

1 - Dirigindo

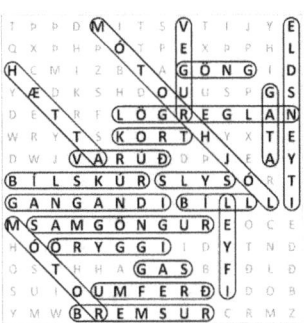

2 - Atividades

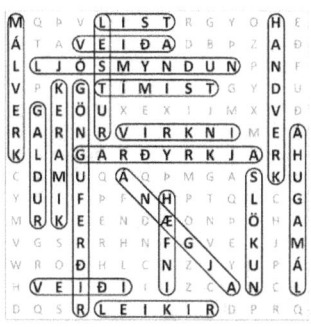

3 - Churrascos

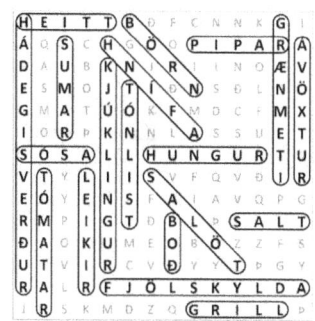

4 - Pesca

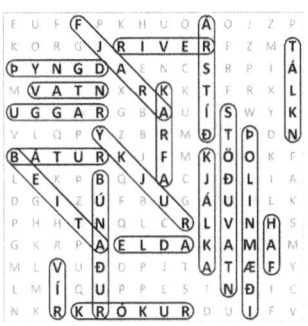

5 - Geologia

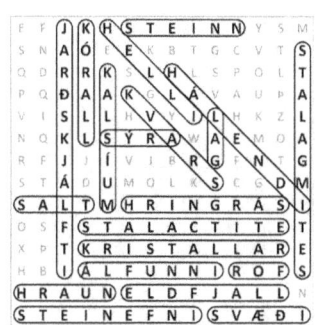

6 - Tempo

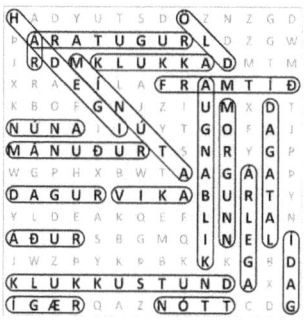

7 - Astronomia

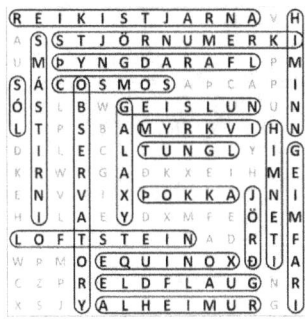

8 - Circo

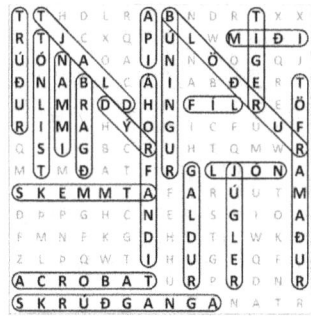

9 - Acampamento

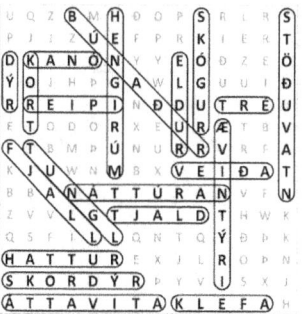

10 - Emoções

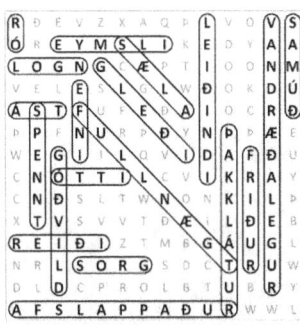

11 - Ficção Científica

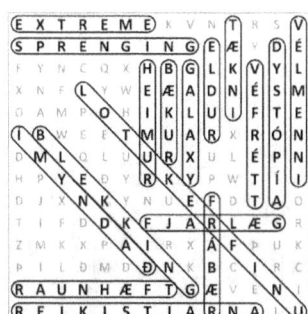

12 - Mitologia

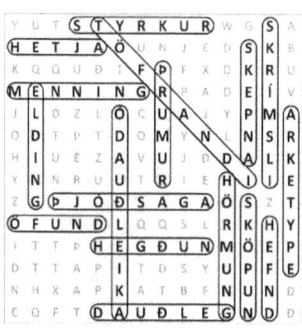

13 - Medições

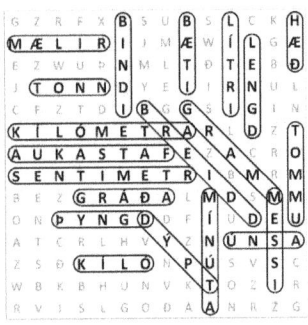

14 - Plantas

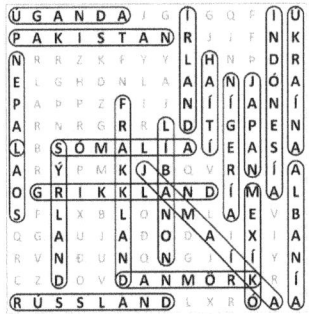

15 - Veículos

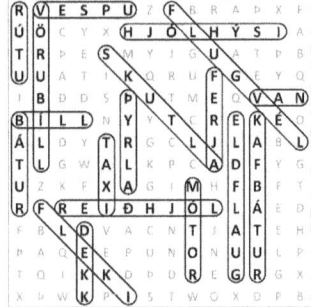

16 - Restaurante # 2

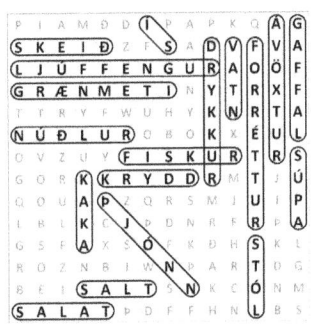

17 - Países #2

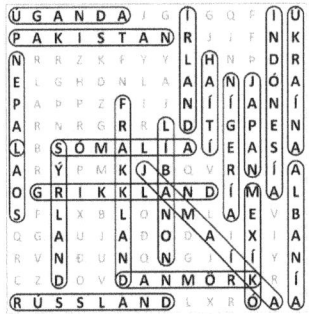

18 - Cozinha

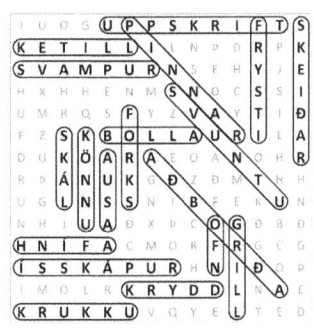

19 - Brinquedos

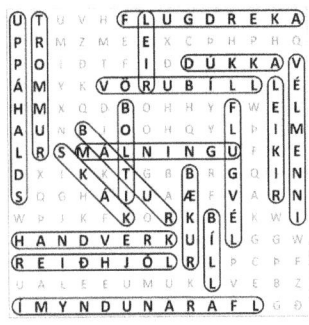

20 - Verão

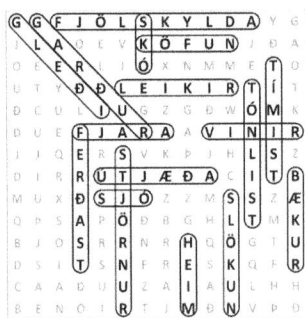

21 - Material de Arte

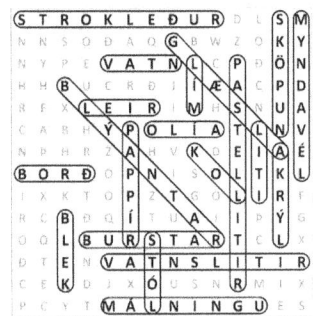

22 - Números

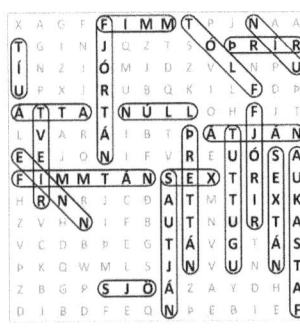

23 - Ferramentas

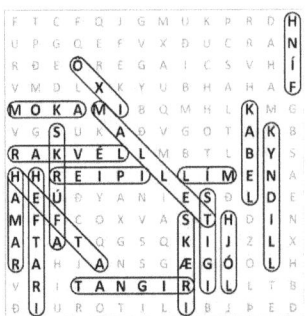

24 - Especiarias

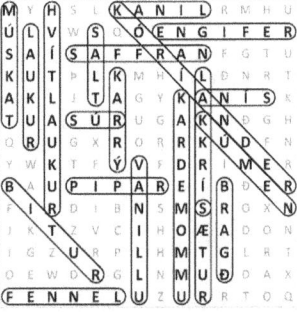

25 - Aniversário

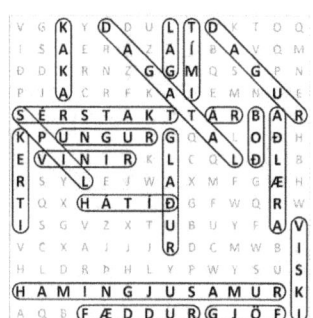

26 - Casa

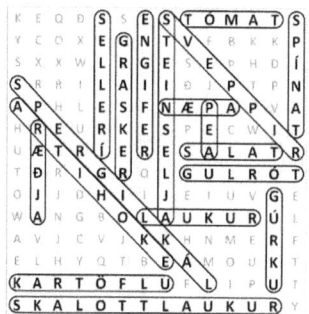

27 - Vegetais

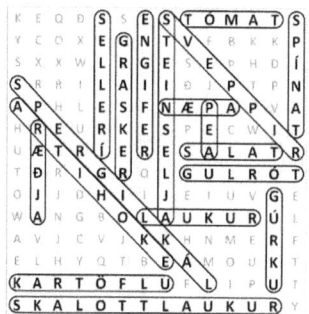

28 - Exploração

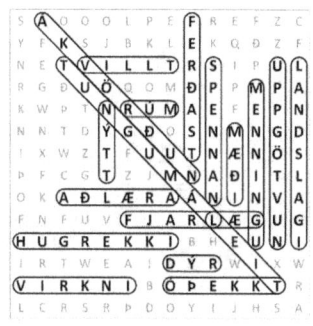

29 - Balé

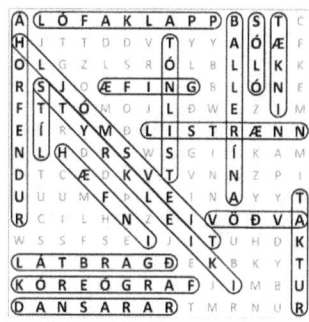

30 - Conservação

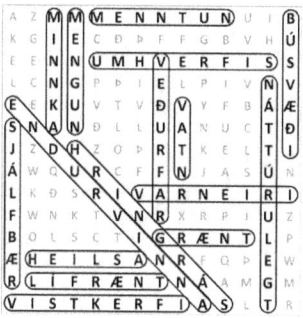

31 - Adjetivos #1

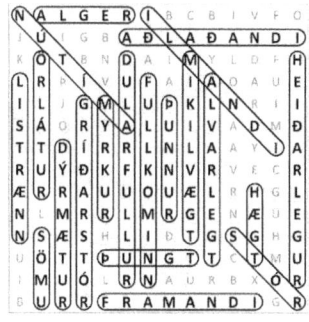

32 - Insetos

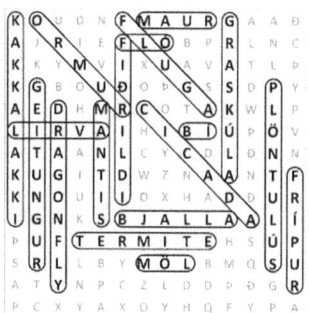

33 - Paisagens

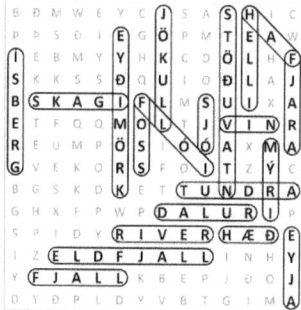

34 - Dança

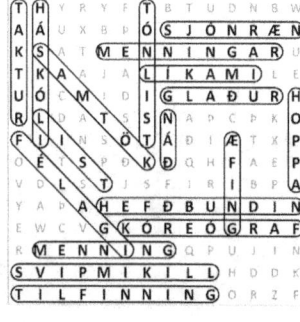

35 - Nutrição

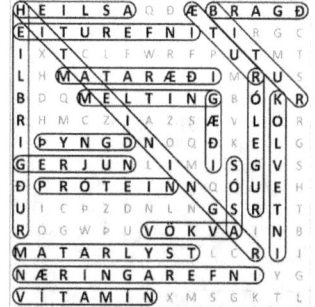

36 - Disciplinas Científicas

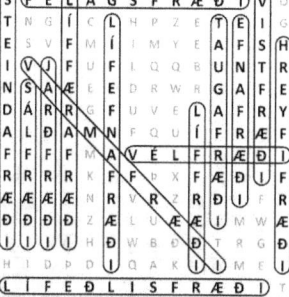

37 - Meditação

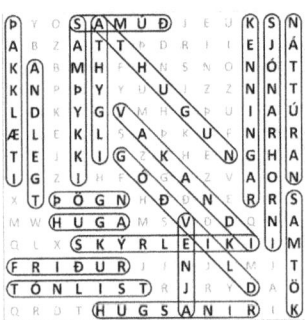

38 - Gatos

39 - Artes Visuais

40 - Instrumentos Musicais

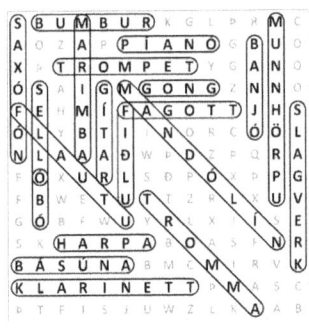

41 - Escola #1

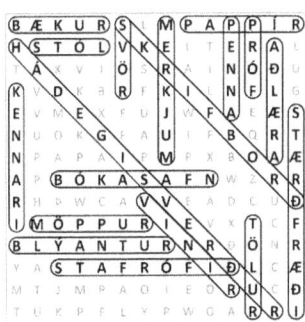

42 - Adjetivos #2

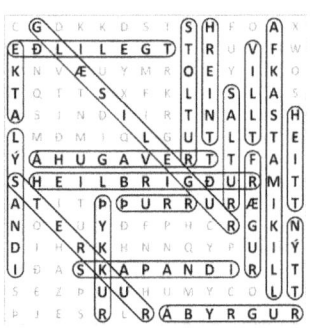

43 - Roupas

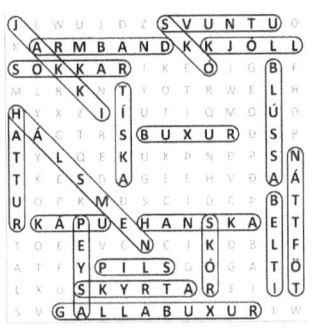

44 - Herbalismo

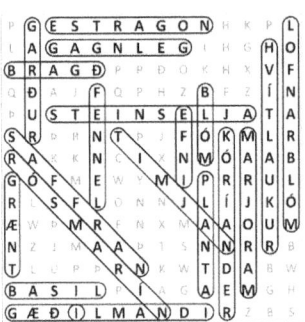

45 - Frutas

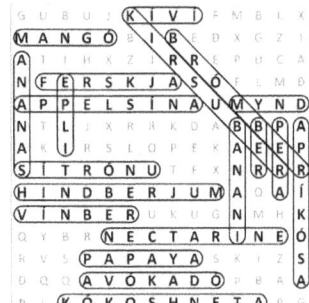

46 - Corpo Humano

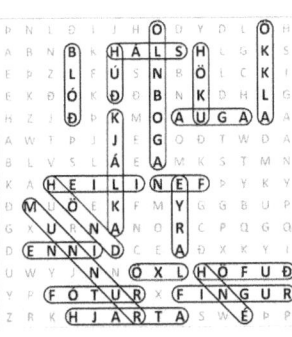

47 - Restaurante #1

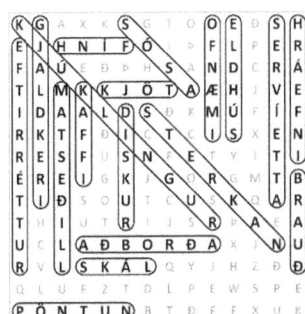

48 - Caminhada

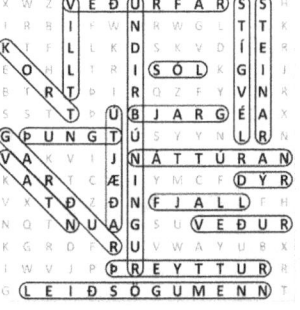

49 - Água

50 - Ecologia

51 - Família

52 - Férias #2

53 - Edifícios

54 - Praia

55 - Ferramentas de Cozinha

56 - Xadrez

57 - Aventura

58 - Floresta Tropical

59 - Cidade

60 - Matemática

61 - Natureza

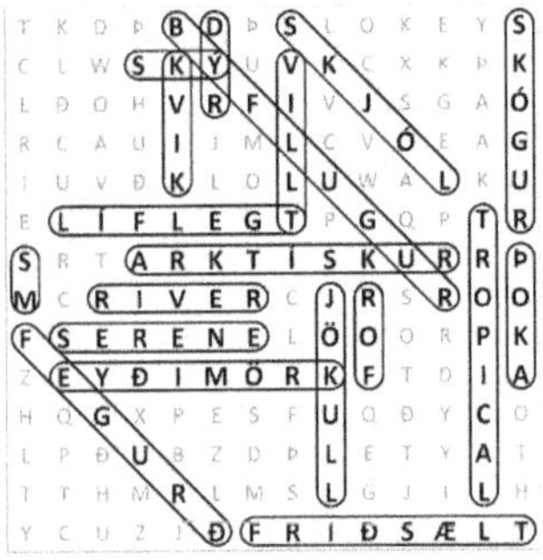

62 - Preencher

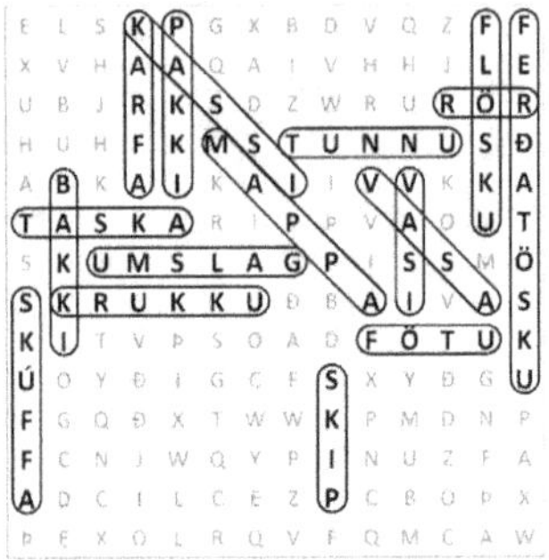

63 - Animais de Estimação

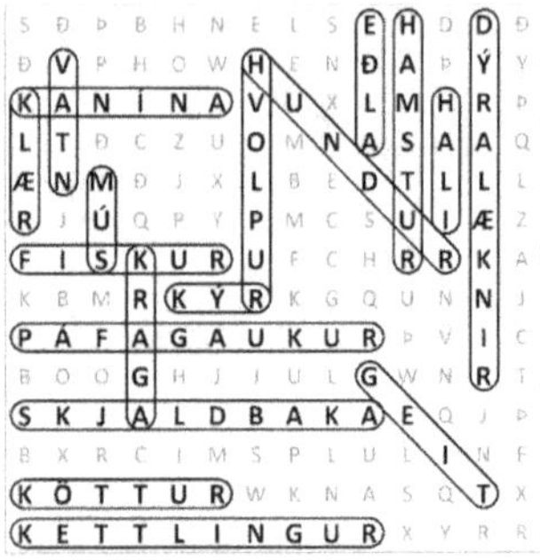

64 - Escalada

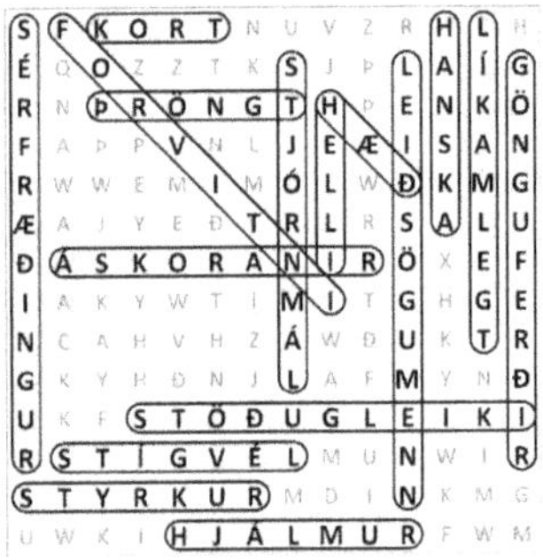

65 - Aviões

66 - Tipos de Cabelo

67 - Formas

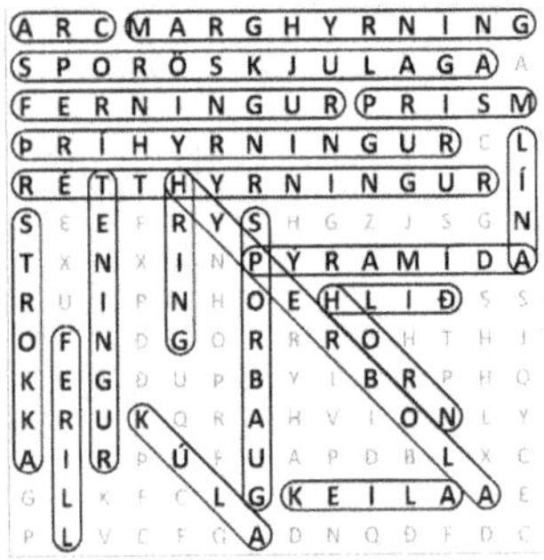

68 - Dias e Meses

69 - Geografia

70 - Antártica

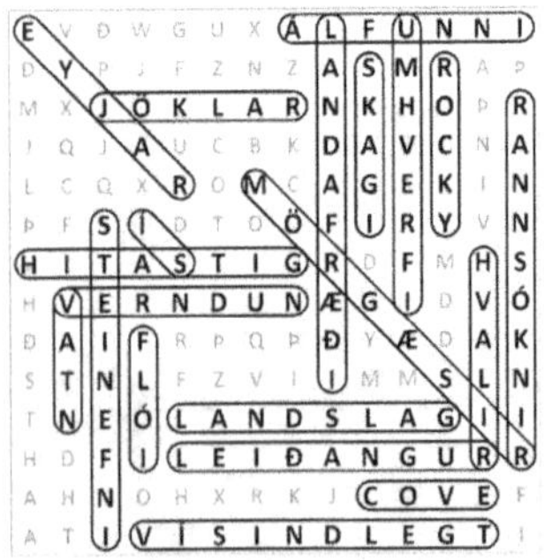

71 - Flores

72 - Fazenda #1

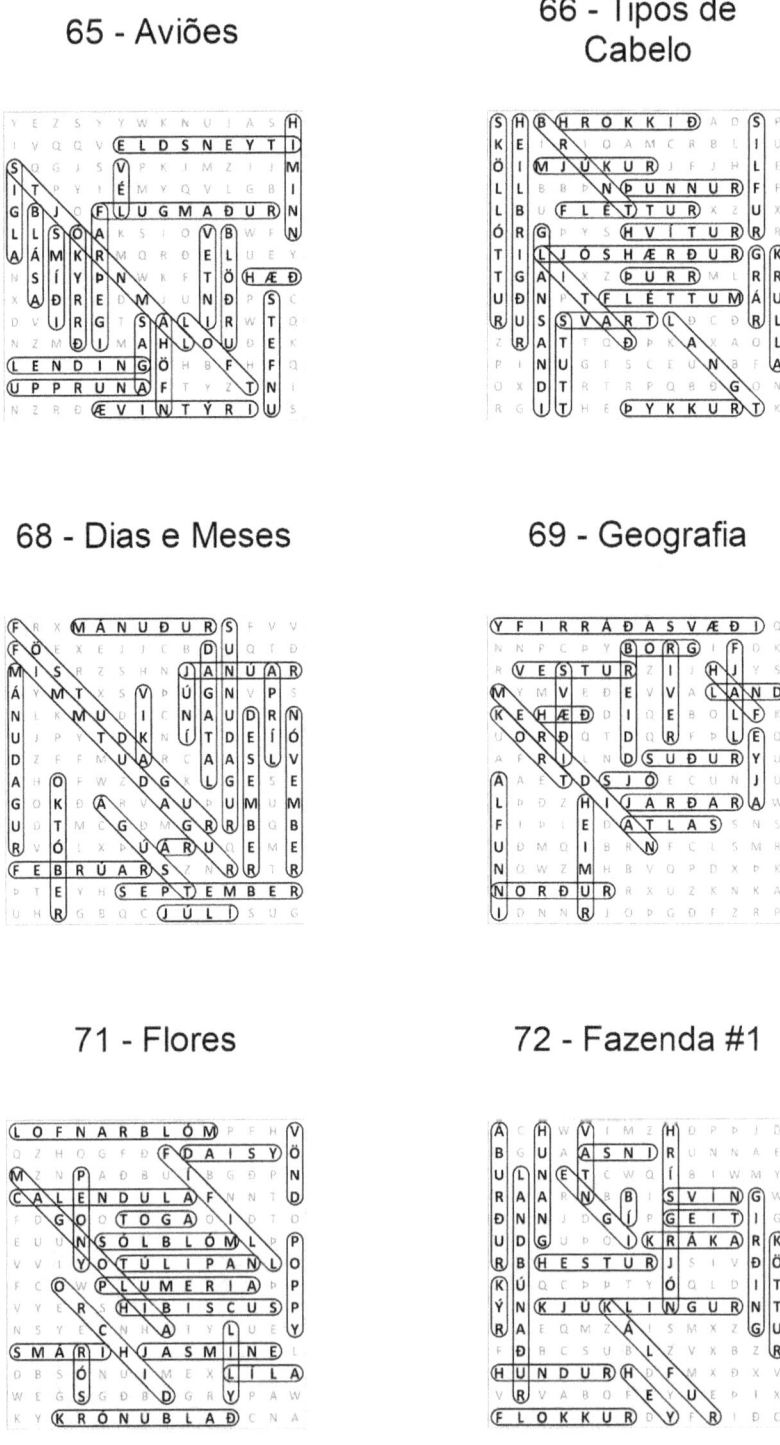

73 - Livros

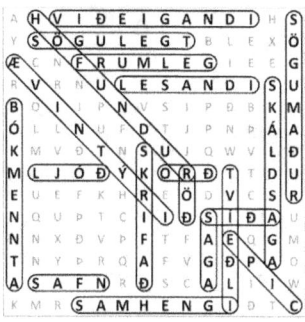

74 - Chocolate

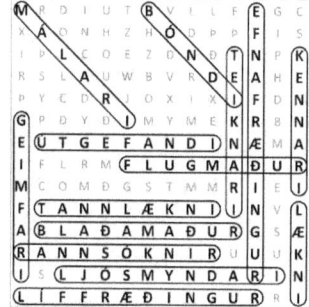

75 - Profissões #2

76 - Fazenda #2

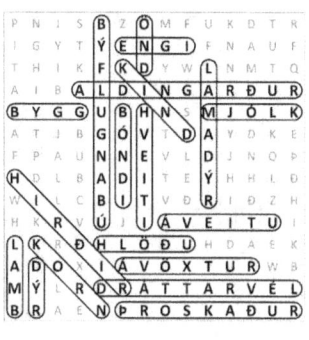

77 - Jardim

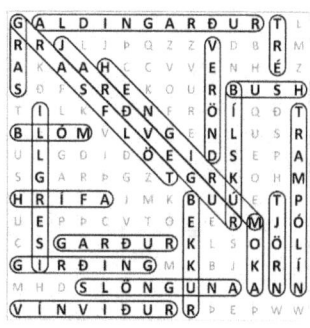

78 - Oceano

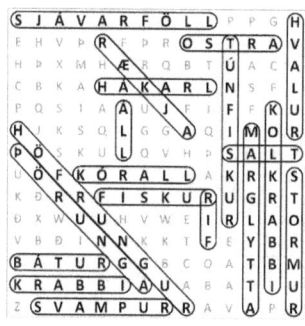

79 - Profissões #1

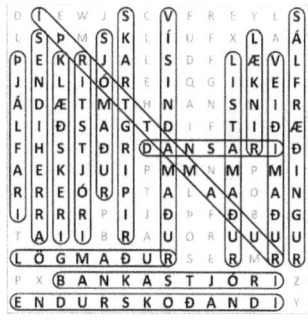

80 - Campeonato

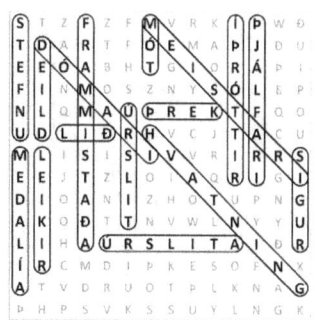

81 - Castelos

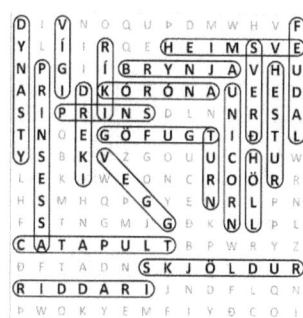

82 - Escola # 2

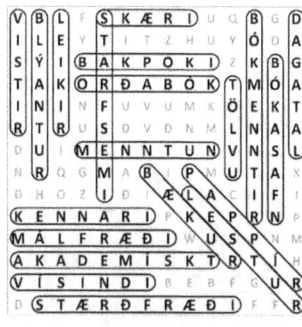

83 - Abelhas

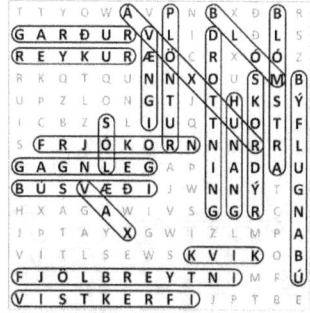

84 - Banheiro

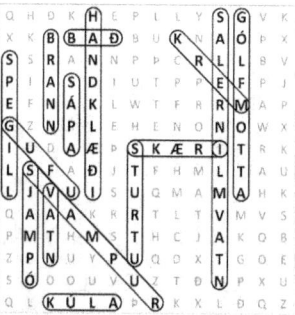

85 - Ciência

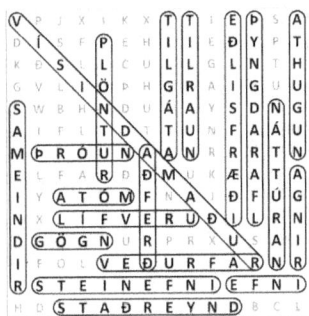

86 - Cores

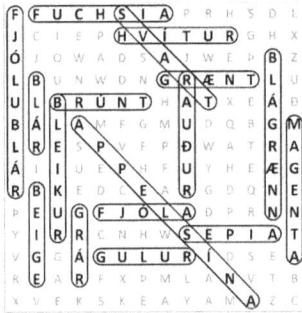

87 - Comida #1

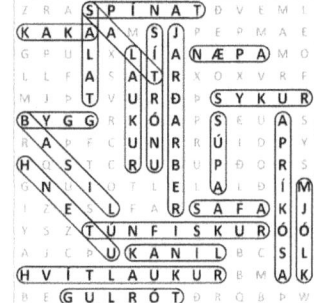

88 - Pássaros

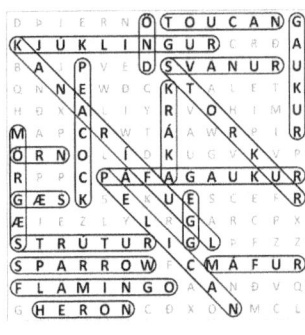

89 - Virtudes #1

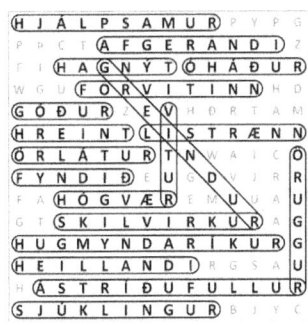

90 - Literatura

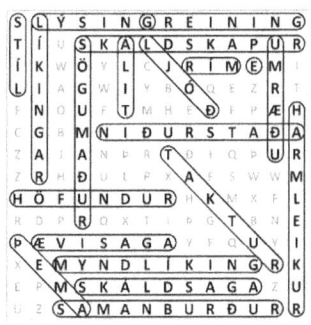

91 - Clima

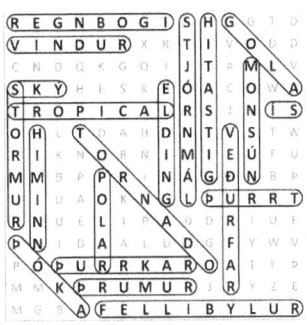

92 - Tecnologia

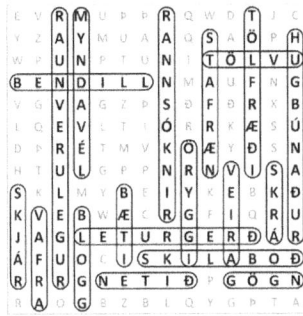

93 - Arte

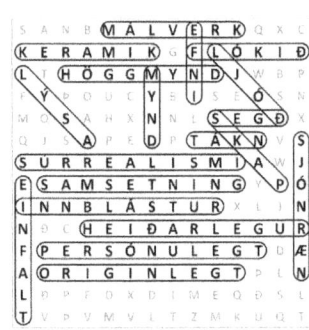

94 - Dinossauros

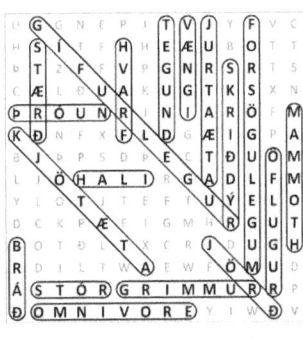

95 - Esportes

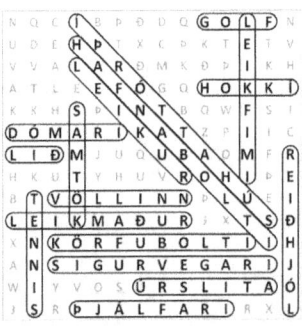

96 - Comida # 2

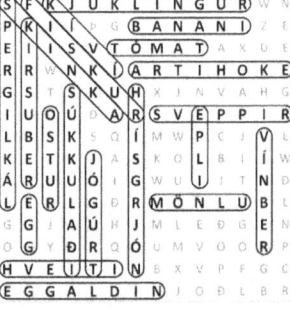

97 - Barcos

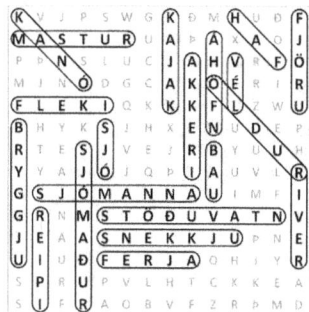

98 - Piratas

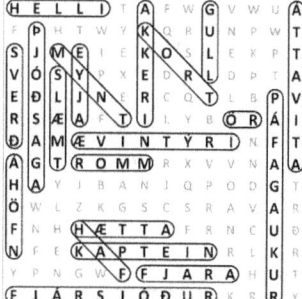

99 - Mamíferos

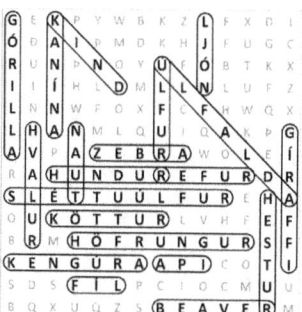

100 - Atividades e Lazer

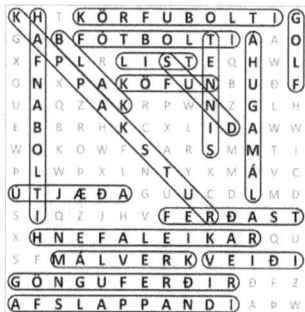

Dicionário

Abelhas
Býflugur

Asas	Vængi
Benéfico	Gagnleg
Cera	Vax
Colmeia	Býflugnabú
Diversidade	Fjölbreytni
Ecossistema	Vistkerfi
Enxame	Kvik
Flor	Blómstra
Flores	Blóm
Fruta	Ávöxtur
Fumaça	Reykur
Habitat	Búsvæði
Inseto	Skordýr
Jardim	Garður
Mel	Hunang
Plantas	Plöntur
Pólen	Frjókorn
Rainha	Drottning
Sol	Sól

Acampamento
Tjaldstæði

Animais	Dýr
Aventura	Ævintýri
Árvores	Tré
Bússola	Áttavita
Cabine	Klefa
Caça	Veiða
Canoa	Kanó
Chapéu	Hattur
Corda	Reipi
Equipamento	Búnaður
Floresta	Skógur
Fogo	Eldur
Inseto	Skordýr
Lago	Stöðuvatn
Lua	Tungl
Maca	Hengirúm
Mapa	Kort
Montanha	Fjall
Natureza	Náttúran
Tenda	Tjald

Adjetivos #1
Lýsingarorð #1

Absoluto	Alger
Aromático	Ilmandi
Artístico	Listrænn
Atraente	Aðlaðandi
Enorme	Gríðarstór
Escuro	Myrkur
Exótico	Framandi
Fino	Þunnur
Generoso	Örlátur
Grande	Stór
Honesto	Heiðarlegur
Idêntico	Sömu
Importante	Mikilvægt
Lento	Hægt
Misterioso	Dularfullur
Moderno	Nútíma
Perfeito	Fullkominn
Pesado	Þungt
Sério	Alvarlegt
Valioso	Dýrmætur

Adjetivos #2
Lýsingarorð #2

Autêntico	Ekta
Criativo	Skapandi
Descritivo	Lýsandi
Elegante	Glæsilegur
Famoso	Frægur
Forte	Sterkur
Grosso	Þykkur
Interessante	Áhugavert
Natural	Náttúrulegt
Normal	Eðlilegt
Novo	Nýtt
Orgulhoso	Stoltur
Produtivo	Afkastamikill
Puro	Hreint
Quente	Heitt
Responsável	Ábyrgur
Salgado	Saltur
Saudável	Heilbrigður
Seco	Þurr
Selvagem	Villt

Animais de Estimação
Gæludýr

Água	Vatn
Cabra	Geit
Cachorro	Hvolpur
Cauda	Hali
Cão	Hundur
Coelho	Kanína
Colarinho	Kraga
Garras	Klær
Gatinho	Kettlingur
Gato	Köttur
Hamster	Hamstur
Lagarto	Eðla
Mouse	Mús
Papagaio	Páfagaukur
Peixe	Fiskur
Tartaruga	Skjaldbaka
Vaca	Kýr
Veterinário	Dýralæknir

Aniversário
Afmælisdagur

Alegre	Glaður
Amigos	Vinir
Ano	Ár
Aprender	Að Læra
Bolo	Kaka
Calendário	Dagatal
Canção	Lag
Cartões	Spil
Celebração	Hátíð
Convites	Boð
Dia	Dagur
Dom	Gjöf
Especial	Sérstakt
Feliz	Hamingjusamur
Jovem	Ungur
Nascer	Fæddur
Sabedoria	Viski
Tempo	Tími
Velas	Kerti

Antártica
Suðurskautslandið

Ambiente	Umhverfi
Água	Vatn
Baía	Flói
Baleias	Hvalir
Científico	Vísindlegt
Conservação	Verndun
Continente	Álfunni
Enseada	Cove
Expedição	Leiðangur
Geleiras	Jöklar
Gelo	Ís
Geografia	Landafræði
Ilhas	Eyjar
Investigador	Rannsóknir
Minerais	Steinefni
Península	Skagi
Pinguins	Mörgæsir
Rochoso	Rocky
Temperatura	Hitastig
Topografia	Landslag

Arte
List

Cerâmica	Keramik
Complexo	Flókið
Composição	Samsetning
Escultura	Höggmynd
Expressão	Segð
Figura	Mynd
Honesto	Heiðarlegur
Humor	Skap
Inspirado	Innblástur
Original	Originlegt
Pessoal	Persónulegt
Pinturas	Málverk
Poesia	Ljóð
Retratar	Lýsa
Simples	Einfalt
Símbolo	Tákn
Sujeito	Efni
Surrealismo	Súrrealismi
Visual	Sjónræn

Artes Visuais
Myndlist

Argila	Leir
Arquitetura	Arkitektúr
Artista	Listamaður
Caneta	Penni
Cavalete	Glæsla
Cera	Vax
Cerâmica	Keramik
Composição	Samsetningu
Criatividade	Skráningu
Escultura	Höggmynd
Estêncil	L
Filme	Kvikmynd
Fotografia	Ljósmynd
Giz	Krít
Lápis	Blýantur
Obra-Prima	Meistaraverk
Perspectiva	Sjónarhorni
Pintura	Málverk
Retrato	Portret
Verniz	Lakk

Astronomia
Stjörnufræði

Asteróide	Smástirni
Astronauta	Geimfari
Celestial	Himneti
Céu	Himinn
Constelação	Stjörnumerki
Cosmos	Cosmos
Eclipse	Myrkvi
Equinócio	Equinox
Foguete	Eldflaug
Galáxia	Galaxy
Gravidade	Þyngdarafl
Lua	Tungl
Meteoro	Loftstein
Nebulosa	Þokka
Observatório	Observatory
Planeta	Reikistjarna
Radiação	Geislun
Solar	Sól
Terra	Jörð
Universo	Alheimur

Atividades
Starfsemi

Arte	List
Artesanato	Handverk
Atividade	Virkni
Caca	Veiða
Caminhada	Gönguferðir
Cerâmica	Keramik
Fotografia	Ljósmyndun
Habilidade	Hæfni
Interesses	Áhugamál
Jardinagem	Garðyrkja
Jogos	Leikir
Lazer	Tímist
Lendo	Lestur
Magia	Galdur
Pesca	Veiði
Pintura	Málverk
Prazer	Ánægja
Relaxamento	Slökun

Atividades e Lazer
Starfsemi og Tómstundir

Acampamento	Útjæða
Arte	List
Basquete	Körfubolti
Beisebol	Hafnabolti
Boxe	Hnefaleikar
Caminhada	Gönguferðir
Corrida	Kappakstur
Futebol	Fótbolti
Golfe	Golf
Hobbies	Áhugamál
Jardinagem	Garðyrkja
Mergulho	Köfun
Natação	Sund
Pesca	Veiði
Pintura	Málverk
Relaxante	Afslappandi
Tênis	Tennis
Viagem	Ferðast
Voleibol	Blak

Aventura
Ævintýri

Alegria	Gleði
Amigos	Vinir
Atividade	Virkni
Beleza	Fegurð
Chance	Líkur
Desafios	Áskoranir
Destino	Áfangastaður
Dificuldade	Vandi
Entusiasmo	Eldmóð
Excursão	Skoðunarferð
Incomum	Óvenjulegt
Itinerário	Ferðaáætlun
Natureza	Náttúran
Navegação	Siglingar
Novo	Nýtt
Oportunidade	Tækifæri
Perigoso	Hættulegt
Preparação	Undirbúningur
Segurança	Öryggi
Surpreendente	Á Óvart

Aviões
Flugvélar

Altura	Hæð
Ar	Loft
Aterrissagem	Lending
Atmosfera	Stjórnmál
Aventura	Ævintýri
Balão	Blöðru
Céu	Himinn
Combustível	Eldsneyti
Construção	Smíði
Descida	Uppruna
Direção	Stefnu
Hidrogênio	Vetni
História	Saga
Inflar	Blása
Motor	Vél
Navegar	Sigla
Passageiro	Farþegi
Piloto	Flugmaður
Tripulação	Áhöfn
Turbulência	Ókyrrð

Água
Vatni

Canal	Síkur
Chuva	Rigning
Chuveiro	Sturtu
Evaporação	Uppgufun
Furacão	Fellibylur
Geada	Frost
Gelo	Ís
Geyser	Geysir
Inundação	Flóð
Irrigação	Áveitu
Lago	Lake
Monção	Monsún
Neve	Snjór
Oceano	Haf
Ondas	Öldur
Potável	Drykkjarhæft
Rio	River
Umidade	Raki
Vapor	Gufu

Balé
Ballett

Aplauso	Lófaklapp
Artístico	Listrænn
Bailarina	Ballerína
Compositor	Tónskáld
Coreografia	Kóreógraf
Dançarinos	Dansarar
Ensaio	Æfing
Estilo	Stíl
Expressivo	Svipmikill
Gesto	Látbragð
Gracioso	Tignarlegt
Habilidade	Hæfni
Intensidade	Styrkleiki
Músculos	Vöðva
Música	Tónlist
Orquestra	Hljómsveit
Público	Áhorfendur
Ritmo	Taktur
Solo	Sóló
Técnica	Tækni

Banheiro
Baðherbergi

Água	Vatn
Banheiro	Salerni
Banho	Bað
Bolhas	Kúla
Chuveiro	Sturtu
Espelho	Spegill
Esponja	Svampur
Loção	Krem
Perfume	Ilmvatn
Sabão	Sápa
Tapete	Gólfmotta
Tesoura	Skæri
Toalha	Handklæði
Torneira	Brann
Vapor	Gufu
Xampu	Sjampó

Barcos
Bátar

Âncora	Akkeri
Balsa	Ferja
Bóia	Bau
Caiaque	Kajak
Canoa	Kanó
Corda	Reipi
Doca	Bryggju
Iate	Snekkju
Jangada	Fleki
Lago	Stöðuvatn
Mar	Sjó
Maré	Fjöru
Marinheiro	Sjómaður
Mastro	Mastur
Motor	Vél
Náutico	Sjómanna
Oceano	Haf
Ondas	Öldur
Rio	River
Tripulação	Áhöfn

Brinquedos
Leikföng

Argila	Leir
Artesanato	Handverk
Avião	Flugvél
Barco	Bátur
Bateria	Trommur
Bicicleta	Reiðhjól
Bola	Bolti
Boneca	Dúkka
Caminhão	Vörubíll
Carro	Bíll
Favorito	Uppáhalds
Imaginação	Ímyndunarafl
Jogos	Leikir
Livros	Bækur
Pipa	Flugdreka
Robô	Vélmenni
Tintas	Málningu
Xadrez	Skák

Caminhada
Gönguferðir

Acampamento	Útjæða
Animais	Dýr
Água	Vatn
Botas	Stígvél
Cansado	Þreyttur
Clima	Veðurfar
Guias	Leiðsögumenn
Mapa	Kort
Montanha	Fjall
Mosquitos	Moskítóflugur
Natureza	Náttúran
Orientação	Stefnumörkun
Parques	Garður
Pedras	Steinar
Penhasco	Bjarg
Pesado	Þungt
Preparação	Undirbúningur
Selvagem	Villt
Sol	Sól
Tempo	Veður

Campeonato
Meistaramót

Campeão	Meistari
Campeonato	Úrslita
Desempenho	Frammistaða
Equipe	Lið
Esportes	Íþróttir
Estratégia	Stefnu
Finalista	Úrslit
Jogos	Leikir
Juiz	Dómari
Liga	Deild
Medalha	Medalía
Motivação	Hvatning
Resistência	Þrek
Torneio	Mót
Treinador	Þjálfari
Vitória	Sigur

Casa
Húsið

Biblioteca	Bókasafn
Cerca	Girðing
Chaves	Lykla
Chuveiro	Sturtu
Cortinas	Gluggatjöld
Cozinha	Eldhús
Espelho	Spegill
Garagem	Bílskúr
Janela	Gluggi
Jardim	Garður
Lareira	Arinn
Mobiliário	Húsgögn
Parede	Vegg
Porta	Hurð
Quarto	Herbergi
Sótão	Háaloftinu
Tapete	Gólfmotta
Teto	Loft
Torneira	Brann
Vassoura	Kústur

Castelos
Kastalar

Armadura	Brynja
Catapulta	Catapult
Cavaleiro	Riddari
Cavalo	Hestur
Coroa	Kóróna
Dinastia	Dynasty
Dragão	Dreki
Escudo	Skjöldur
Espada	Sverð
Feudal	Feudal
Fortaleza	Vígi
Império	Heimsve
Nobre	Göfugt
Palácio	Höll
Parede	Vegg
Princesa	Prinsessa
Príncipe	Prins
Reino	Ríki
Torre	Turn
Unicórnio	Unicorn

Chocolate
Súkkulaði

Açúcar	Sykur
Amargo	Bitur
Amendoins	Hnetum
Antioxidante	Andoxunarefni
Aroma	Ilmur
Artesanal	Handverk
Cacau	Kakó
Calorias	Hitaeiningar
Caramelo	Karamella
Coco	Kókoshneta
Comer	Að Borða
Delicioso	Ljúffengur
Doce	Sætur
Exótico	Framandi
Favorito	Uppáhalds
Gosto	Bragð
Ingrediente	Efni
Pó	Duft
Qualidade	Gæði
Receita	Uppskrift

Churrascos
Grillveislur

Almoço	Hádegisverður
Convite	Boð
Crianças	Börn
Facas	Hnífa
Família	Fjölskylda
Fome	Hungur
Frango	Kjúklingur
Fruta	Ávöxtur
Grelha	Grill
Jantar	Kvöldmatur
Jogos	Leikir
Legumes	Grænmeti
Molho	Sósa
Música	Tónlist
Pimenta	Pipar
Quente	Heitt
Sal	Salt
Saladas	Salöt
Tomates	Tómatar
Verão	Sumar

Cidade
Bærinn

Aeroporto	Flugvöllur
Banco	Banki
Biblioteca	Bókasafn
Cinema	Kvikmyndahús
Escola	Skóli
Estádio	Völlinn
Farmácia	Apótek
Florista	Blómabúð
Galeria	Gallerí
Hotel	Hótel
Jardim Zoológico	Dýragarður
Livraria	Bókabúð
Loja	Verslun
Mercado	Markaður
Museu	Safn
Padaria	Bakarí
Salão	Snyrtistofa
Supermercado	Matvörubúð
Teatro	Leikhús
Universidade	Háskóli

Ciência
Vísindi

Átomo	Atóm
Cientista	Vísindamaður
Clima	Veðurfar
Dados	Gögn
Evolução	Þróun
Experiência	Tilraun
Fato	Staðreynd
Física	Eðlisfræði
Gravidade	Þyngdarafl
Hipótese	Tilgáta
Método	Aðferð
Minerais	Steinefni
Moléculas	Sameindir
Natureza	Náttúran
Observação	Athugun
Organismo	Lífveru
Partículas	Agnir
Plantas	Plöntur
Químico	Efni

Circo
Sirkus

Acrobata	Acrobat
Animais	Dýr
Balões	Blöðrur
Bilhete	Miði
Desfile	Skrúðganga
Doce	Nammi
Elefante	Fíl
Entreter	Skemmta
Espectador	Áhorfandi
Leão	Ljón
Macaco	Api
Magia	Galdur
Malabarista	Júgler
Mágico	Töframaður
Música	Tónlist
Palhaço	Trúður
Tenda	Tjald
Tigre	Tiger
Traje	Búningur
Truque	Bragð

Clima
Veður

Arco-Íris	Regnbogi
Atmosfera	Stjórnmál
Brisa	Gola
Céu	Himinn
Clima	Veðurfar
Furacão	Fellibylur
Gelo	Ís
Monção	Monsún
Nevoeiro	Þóka
Nuvem	Ský
Polar	Polar
Relâmpago	Elding
Seca	Þurrkar
Seco	Þurrt
Temperatura	Hitastig
Tempestade	Stormur
Tornado	Tornado
Tropical	Tropical
Trovão	Þrumur
Vento	Vindur

Comida # 2
Matur #2

Alcachofra	Artihoke
Amêndoa	Mönlu
Arroz	Hrísgrjón
Banana	Banani
Beringela	Eggaldin
Brócolis	Spergilkál
Cereja	Kirsuber
Chocolate	Súkkulaði
Cogumelo	Sveppir
Frango	Kjúklingur
Iogurte	Jógúrt
Kiwi	Kíví
Maçã	Epli
Ovo	Egg
Peixe	Fiskur
Presunto	Skinka
Queijo	Ostur
Tomate	Tomat
Trigo	Hveiti
Uva	Vínber

Comida #1
Matur #1

Açúcar	Sykur
Alho	Hvítlaukur
Amendoim	Hnetu
Atum	Túnfiskur
Bolo	Kaka
Canela	Kanil
Cebola	Laukur
Cenoura	Gulrót
Cevada	Bygg
Damasco	Apríkósa
Espinafre	Spínat
Leite	Mjólk
Limão	Sítrónu
Manjericão	Basil
Morango	Jarðarber
Nabo	Næpa
Sal	Salt
Salada	Salat
Sopa	Súpa
Suco	Safa

Conservação
Náttúruvernd

Ambiental	Umhverfis
Água	Vatn
Ciclo	Hringrás
Clima	Veðurfar
Ecossistema	Vistkerfi
Educação	Menntun
Habitat	Búsvæði
Natural	Náttúrulegt
Orgânico	Lífrænt
Pesticida	Varneiri
Poluição	Mengun
Reciclar	Endurvinna
Reduzir	Minnka
Saúde	Heilsa
Sustentável	Sjálfbær
Verde	Grænt
Voluntário	Sjálfboðaliði

Cores
Litir

Amarelo	Gulur
Azul	Blár
Bege	Beige
Branco	Hvítur
Ciano	Blágrænn
Cinza	Grár
Fuchsia	Fuchsia
Laranja	Appelsína
Magenta	Magenta
Marrom	Brúnt
Preto	Svart
Rosa	Bleikur
Roxo	Fjólublár
Sépia	Sepia
Verde	Grænt
Vermelho	Rauður
Violeta	Fjóla

Corpo Humano
Mannslíkaminn

Boca	Munnur
Cabeça	Höfuð
Cérebro	Heili
Coração	Hjarta
Cotovelo	Olnboga
Dedo	Fingur
Joelho	Hné
Mandíbula	Kjálka
Mão	Hönd
Nariz	Nef
Olho	Auga
Ombro	Öxl
Orelha	Eyra
Pele	Húð
Perna	Fótur
Pescoço	Háls
Queixo	Höku
Sangue	Blóð
Testa	Enni
Tornozelo	Ökkla

Cozinha
Eldhús

Avental	Svuntu
Chaleira	Ketill
Colheres	Skeiðar
Comer	Að Borða
Concha	Ausa
Cups	Bolla
Especiarias	Krydd
Esponja	Svampur
Facas	Hnífa
Forno	Ofn
Freezer	Frysti
Garfos	Forks
Geladeira	Ísskápur
Grelha	Grill
Guardanapo	Servíetta
Jar	Krukku
Jarro	Könnu
Pauzinhos	Pinnar
Receita	Uppskrift
Tigela	Skál

Dança
Dansa

Academia	Háskóli
Alegre	Glaður
Arte	List
Clássico	Klassíska
Coreografia	Kóreógraf
Corpo	Líkami
Cultura	Menning
Cultural	Menningar
Emoção	Tilfinning
Ensaio	Æfing
Expressivo	Svipmikill
Graça	Náð
Movimento	Samtök
Música	Tónlist
Parceiro	Félagi
Ritmo	Taktur
Saltar	Hoppa
Tradicional	Hefðbundin
Visual	Sjónræn

Dias e Meses
Dagar og Mánuðir

Abril	Apríl
Agosto	Ágúst
Ano	Ár
Calendário	Dagatal
Dezembro	Desember
Domingo	Sunnudagur
Fevereiro	Febrúar
Janeiro	Janúar
Julho	Júlí
Junho	Júní
Mês	Mánuður
Novembro	Nóvember
Outubro	Október
Quinta-Feira	Fimmtudagur
Sábado	Laugardagur
Segunda-Feira	Mánudagur
Semana	Vika
Setembro	September
Sexta-Feira	Föstudagur
Terça	Þriðjudagur

Dinossauros
Risaeðlur

Asas	Vængi
Carnívoro	Kjötæta
Cauda	Hali
Desaparecimento	Hvarf
Enorme	Gífurlegur
Espécies	Tegund
Evolução	Þróun
Grande	Stór
Herbívoro	Jurtæta
Mamute	Mammoth
Onívoro	Omnivore
Poderoso	Öflugur
Presa	Bráð
Pré-Histórico	Forsögulegum
Réptil	Skriðdýr
Tamanho	Stærð
Terra	Jörð
Vicioso	Grimmur

Dirigindo
Akstur

Acidente	Slys
Carro	Bíll
Combustível	Eldsneyti
Cuidado	Varúð
Estrada	Vegur
Freios	Bremsur
Garagem	Bílskúr
Gás	Gas
Licença	Leyfi
Mapa	Kort
Motocicleta	Mótorhjól
Motor	Mótor
Pedestre	Gangandi
Perigo	Hætta
Polícia	Lögreglan
Rua	Gata
Segurança	Öryggi
Transporte	Samgöngur
Tráfego	Umferð
Túnel	Göng

Disciplinas Científicas
Vísindalegum Greinum

Anatomia	Líffærafræði
Astronomia	Stjörnufræði
Biologia	Líffræði
Bioquímica	Lífefnafræði
Botânica	Grasafræði
Cinesiologia	Hreyfifræði
Ecologia	Vistfræði
Fisiologia	Lífeðlisfræði
Geologia	Jarðfræði
Imunologia	Ónæmisfræði
Linguística	Málvísindi
Mecânica	Vélfræði
Meteorologia	Veðurfræði
Mineralogia	Steindafræði
Neurologia	Taugafræði
Psicologia	Sálfræði
Química	Efnafræði
Sociologia	Félagstræði
Termodinâmica	Varmafræði
Zoologia	Dýrafræði

Ecologia
Vistfræði

Clima	Veðurfar
Comunidades	Samfélög
Diversidade	Fjölbreytni
Espécies	Tegund
Fauna	Dýralíf
Flora	Flora
Global	Alþjóðlegt
Habitat	Búsvæði
Marinho	Sjávar
Montanhas	Fjöll
Natural	Náttúrulegt
Natureza	Náttúran
Pântano	Marsh
Plantas	Plöntur
Recursos	Auðlindir
Seca	Þurrkar
Sobrevivência	Lifun
Sustentável	Sjálfbær
Vegetação	Gróður

Edifícios
Byggingar

Apartamento	Íbúð
Cabine	Klefa
Castelo	Kastali
Celeiro	Hlöðu
Cinema	Kvikmyndahús
Embaixada	Sendiráð
Escola	Skóli
Estádio	Völlinn
Fazenda	Bær
Fábrica	Verksmiðju
Garagem	Bílskúr
Hospital	Sjúkrahús
Hotel	Hótel
Museu	Safn
Observatório	Observatory
Supermercado	Matvörubúð
Teatro	Leikhús
Tenda	Tjald
Torre	Turn
Universidade	Háskóli

Emoções
Tilfinningar

Alegria	Gleði
Amor	Ást
Animado	Spennt
Bem-Aventurança	Sæla
Bondade	Góðvild
Calmo	Logn
Conteúdo	Efni
Envergonhado	Vandræðalegur
Grato	Þakklátur
Medo	Ótti
Paz	Friður
Raiva	Reiði
Relaxado	Afslappaður
Satisfeito	Fullnægt
Simpatia	Samúð
Ternura	Eymsli
Tédio	Leiðindi
Tranquilidade	Ró
Tristeza	Sorg

Escalada
Klifur

Altitude	Hæð
Atmosfera	Stjórnmál
Botas	Stígvél
Caminhada	Gönguferðir
Capacete	Hjálmur
Caverna	Helli
Curiosidade	Forvitni
Desafios	Áskoranir
Especialista	Sérfræðingur
Estabilidade	Stöðugleiki
Estreito	Þröngt
Físico	Líkamlegt
Força	Styrkur
Guias	Leiðsögumenn
Luvas	Hanska
Mapa	Kort
Terreno	Landslagi

Escola # 2
Skólanum #2

Acadêmico	Akademískt
Atividades	Starfsemi
Biblioteca	Bókasafn
Calendário	Dagatal
Ciência	Vísindi
Computador	Tölvu
Dicionário	Orðabók
Educação	Menntun
Gramática	Málfræði
Jogos	Leikir
Lápis	Blýantur
Leitura	Lestur
Literatura	Bókmenntir
Livros	Bækur
Matemática	Stærðfræði
Mochila	Bakpoki
Papel	Pappír
Professor	Kennari
Suprimentos	Vistir
Tesoura	Skæri

Escola #1
Skólanum #1

Alfabeto	Stafrófið
Almoço	Hádegisverður
Amigos	Vinir
Aprender	Að Læra
Biblioteca	Bókasafn
Cadeira	Stól
Canetas	Penna
Exames	Próf
Lápis	Blýantur
Livros	Bækur
Marcadores	Merkjum
Matemática	Stærðfræði
Mesa	Skrifborð
Números	Tölur
Papel	Pappír
Pastas	Möppur
Professor	Kennari
Respostas	Svör

Especiarias
Krydd

Açafrão	Saffran
Alcaçuz	Lakkrís
Alho	Hvítlaukur
Amargo	Bitur
Anis	Anís
Azedo	Súr
Baunilha	Vanillu
Canela	Kanil
Cardamomo	Kardemommu
Caril	Karrý
Cebola	Laukur
Coentro	Kóríander
Cominho	Kúmen
Doce	Sætur
Funcho	Fennel
Gengibre	Engifer
Noz-Moscada	Múskat
Pimenta	Pipar
Sabor	Bragð
Sal	Salt

Esportes
Íþróttir

Atleta	Íþróttamaður
Árbitro	Dómari
Basquete	Körfubolti
Beisebol	Hafnabolti
Bicicleta	Reiðhjól
Campeonato	Úrslita
Equipe	Lið
Estádio	Völlinn
Ganhador	Sigurvegari
Ginásio	Íþróttahús
Ginástica	Leikfimi
Golfe	Golf
Hóquei	Hokkí
Jogador	Leikmaður
Jogo	Leikur
Movimento	Samtök
Tênis	Tennis
Treinador	Þjálfari

Exploração
Könnun

Animais	Dýr
Aprender	Að Læra
Atividade	Virkni
Busca	Leit
Coragem	Hugrekki
Culturas	Menningu
Descoberta	Uppgötvun
Desconhecido	Óþekkt
Determinação	Ákvörðun
Distante	Fjarlæg
Espaço	Rúm
Exaustão	Mæði
Excitação	Spennan
Língua	Tungumál
Novo	Nýtt
Selvagem	Villt
Terreno	Landslagi
Viagem	Ferðast

Família
Fjölskylda

Antepassado	Forfaðir
Avó	Amma
Avô	Afi
Criança	Barn
Crianças	Börn
Esposa	Eiginkona
Filha	Dóttir
Gêmeos	Tvíburar
Infância	Barnæska
Irmã	Systir
Irmão	Bróðir
Marido	Eiginmaður
Materno	Móður
Mãe	Móðir
Neto	Barnabarn
Pai	Faðir
Paterno	Ingar
Sobrinho	Frændi
Tia	Frænka
Tio	Frændi

Fazenda #1
Bær #1

Abelha	Bí
Agricultura	Landbúnaður
Arroz	Hrísgrjón
Água	Vatn
Bezerro	Kálfur
Burro	Asni
Cabra	Geit
Campo	Engi
Cavalo	Hestur
Cão	Hundur
Cerca	Girðing
Corvo	Kráka
Feno	Hey
Fertilizante	Áburður
Frango	Kjúklingur
Gato	Köttur
Mel	Hunang
Porco	Svín
Rebanho	Flokkur
Vaca	Kýr

Fazenda #2
Bær #2

Agricultor	Bóndi
Animais	Dýr
Celeiro	Hlöðu
Cevada	Bygg
Colmeia	Býflugnabú
Cordeiro	Lamb
Fruta	Ávöxtur
Irrigação	Áveitu
Leite	Mjólk
Lhama	Lamadýr
Maduro	Þroskaður
Milho	Korn
Ovelha	Kind
Pastor	Hirðir
Pato	Önd
Pomar	Aldingarður
Prado	Engi
Trator	Dráttarvél
Trigo	Hveiti
Vegetal	Grænmeti

Ferramentas
Verkfæri

Alicate	Tangir
Cabo	Kabel
Cola	Lím
Corda	Reipi
Escada	Stigi
Faca	Hníf
Grampeador	Heftari
Grampo	Hefta
Machado	Öxi
Malho	Mallet
Martelo	Hamar
Navalha	Rakvél
Parafuso	Skrúfa
Pá	Moka
Roda	Hjól
Tesoura	Skæri
Tocha	Kyndill

Ferramentas de Cozinha
Eldunarverkfæri

Chaleira	Ketill
Coador	Sigti
Colher	Skeið
Espátula	Spaða
Faca	Hníf
Fogão	Eldavél
Forno	Ofn
Garfo	Gaffal
Geladeira	Ísskápur
Liquidificador	Blandara
Ralador	Raspi
Talheres	Hnífapör
Tampa	Loki
Termômetro	Hitamæli
Tesoura	Skæri
Torradeira	Brauðrist

Férias #2
Frí #2

Acampamento	Útjæða
Aeroporto	Flugvöllur
Destino	Áfangastaður
Estrangeiro	Útlendingur
Feriado	Frí
Fotos	Myndir
Hotel	Hótel
Ilha	Eyja
Lazer	Tímist
Mapa	Kort
Mar	Sjó
Montanhas	Fjöll
Passaporte	Vegabréf
Praia	Fjara
Táxi	Taxi
Tenda	Tjald
Transporte	Samgöngur
Viagem	Ferð

Ficção Científica
Vísindaskáldskapur

Atómico	Lotukerfinu
Cinema	Kvikmyndahús
Distante	Fjarlæg
Distopia	Dystópía
Explosão	Sprenging
Extremo	Extreme
Fantástico	Frábær
Fogo	Eldur
Galáxia	Galaxy
Ilusão	Blekking
Imaginário	Ímyndað
Livros	Bækur
Misterioso	Dularfullur
Mundo	Heimur
Oráculo	Véfrétt
Planeta	Reikistjarna
Realista	Raunhæft
Robôs	Vélmenni
Tecnologia	Tækni
Utopia	Útópía

Flores
Blóm

Buquê	Vönd
Calêndula	Calendula
Dente-De-Leão	Fífill
Gardênia	Toga
Girassol	Sólblóm
Hibisco	Hibiscus
Jasmim	Jasmine
Lavanda	Lofnarblóm
Lilás	Líla
Lírio	Lily
Magnólia	Magnolia
Margarida	Daisy
Orquídea	Orchid
Papoula	Poppy
Peônia	Peony
Pétala	Krónublað
Plumeria	Plumeria
Rosa	Rós
Trevo	Smári
Tulipa	Túlipan

Floresta Tropical
Regnskógur

Anfíbios	Froskdýr
Botânico	Botanical
Clima	Veðurfar
Comunidade	Samfélag
Diversidade	Fjölbreytni
Espécies	Tegund
Indígena	Frumbyggja
Insetos	Skordýr
Mamíferos	Spendýr
Musgo	Moss
Natureza	Náttúran
Nuvens	Ský
Pássaros	Fuglar
Preservação	Varðveislu
Refúgio	Athvarf
Respeito	Virðing
Restauração	Endurreisn
Selva	Frumskógur
Sobrevivência	Lifun
Valioso	Dýrmætur

Formas
Form

Arco	Arc
Canto	Horn
Cilindro	Strokka
Círculo	Hring
Cone	Keila
Cubo	Teningur
Curva	Ferill
Elipse	Sporbaug
Esfera	Kúla
Hipérbole	Hyperbola
Lado	Hlið
Linha	Lína
Oval	Sporöskjulaga
Pirâmide	Pýramída
Polígono	Marghyrning
Prisma	Prism
Quadrado	Ferningur
Retângulo	Rétthyrningur
Triângulo	Þríhyrningur

Frutas
Ávextir

Abacate	Avókadó
Abacaxi	Ananas
Amora	Brómber
Baga	Ber
Banana	Banani
Cereja	Kirsuber
Coco	Kókoshneta
Damasco	Apríkósa
Figo	Mynd
Framboesa	Hindberjum
Kiwi	Kíví
Laranja	Appelsína
Limão	Sítrónu
Maçã	Epli
Mamão	Papaya
Manga	Mangó
Nectarina	Nectarine
Pera	Pera
Pêssego	Ferskja
Uva	Vínber

Gatos
Kettir

Brincalhão	Fjörugur
Caçador	Veiðimaður
Cauda	Hali
Curioso	Forvitinn
Dormir	Sofa
Engraçado	Fyndið
Fio	Garn
Garra	Kló
Independente	Óháður
Louco	Brjálaður
Mouse	Mús
Pata	Klóm
Pele	Feldur
Personalidade	Persónuleiki
Selvagem	Villt
Tímido	Feimin

Geografia
Landafræði

Altitude	Hæð
Atlas	Atlas
Cidade	Borg
Continente	Álfunni
Hemisfério	Jarðar
Ilha	Eyja
Latitude	Breidd
Mapa	Kort
Mar	Sjó
Meridiano	Meridian
Montanha	Fjall
Mundo	Heimur
Norte	Norður
Oceano	Haf
Oeste	Vestur
País	Land
Região	Svæði
Rio	River
Sul	Suður
Território	Yfirráðasvæði

Geologia
Jarðfræði

Ácido	Sýra
Camada	Lag
Caverna	Helli
Cálcio	Kalsíum
Ciclos	Hringrás
Continente	Álfunni
Coral	Kórall
Cristais	Kristallar
Erosão	Rof
Estalactite	Stalactite
Estalagmites	Stalagmites
Lava	Hraun
Minerais	Steinefni
Pedra	Steinn
Platô	Hálendi
Quartzo	Kvars
Sal	Salt
Terremoto	Jarðskjálfti
Vulcão	Eldfjall
Zona	Svæði

Herbalismo
Grasalækningar

Açafrão	Saffran
Alecrim	Rósmarín
Alho	Hvítlaukur
Aromático	Ilmandi
Benéfico	Gagnleg
Coentro	Kóríander
Estragão	Estragon
Flor	Blóm
Funcho	Fennel
Ingrediente	Efni
Jardim	Garður
Lavanda	Lofnarblóm
Manjericão	Basil
Manjerona	Marjoram
Planta	Planta
Qualidade	Gæði
Sabor	Bragð
Salsa	Steinselja
Tomilho	Timjan
Verde	Grænt

Insetos
Skordýr

Abelha	Bí
Barata	Kakkalakki
Besouro	Bjalla
Borboleta	Fiðrildi
Cigarra	Cicada
Cupim	Termite
Formiga	Maur
Gafanhoto	Graskúla
Joaninha	Frípur
Larva	Lirva
Libélula	Dragonfly
Louva-A-Deus	Mantis
Mariposa	Möl
Minhoca	Ormur
Mosquito	Fluga
Pulga	Fló
Pulgão	Plöntulús
Vespa	Geitungur

Instrumentos Musicais
Hljóðfæri

Bandolim	Mandólín
Banjo	Banjó
Clarinete	Klarinett
Fagote	Fagott
Flauta	Flautu
Gaita	Munnhörpu
Gongo	Gong
Harpa	Harpa
Marimba	Marimba
Oboé	Óbó
Pandeiro	Bumbur
Percussão	Slagverk
Piano	Píanó
Saxofone	Saxófón
Tambor	Tromma
Trombone	Básúna
Trompete	Trompet
Violão	Gítar
Violino	Fiðlu
Violoncelo	Selló

Jardim
Garðinum

Ancinho	Hrífa
Arbusto	Bush
Árvore	Tré
Banco	Bekkur
Cerca	Girðing
Ervas Daninhas	Illgresi
Flor	Blóm
Garagem	Bílskúr
Grama	Gras
Gramado	Grasflöt
Jardim	Garður
Lagoa	Tjörn
Maca	Hengirúm
Mangueira	Slönguna
Pá	Moka
Pomar	Aldingarður
Solo	Jarðvegur
Terraço	Verönd
Trampolim	Trampólín
Videira	Vínviður

Literatura
Bókmenntir

Analogia	Líkingar
Análise	Greining
Anedota	E.
Autor	Höfundur
Biografia	Ævisaga
Comparação	Samanburður
Conclusão	Niðurstaða
Descrição	Lýsing
Diálogo	Umræðu
Estilo	Stíl
Ficção	Skáldskapur
Metáfora	Myndlíking
Narrador	Sögumaður
Opinião	Álit
Poema	Ljóð
Rima	Rím
Ritmo	Taktur
Romance	Skáldsaga
Tema	Þema
Tragédia	Harmleikur

Livros
Bækur

Autor	Höfundur
Aventura	Ævintýri
Coleção	Safn
Contexto	Samhengi
Dualidade	Tvíeðli
Escrito	Skrifað
Épico	Epic
História	Saga
Histórico	Sögulegt
Inventivo	Frumleg
Leitor	Lesandi
Literário	Bókmennta
Narrador	Sögumaður
Palavras	Orð
Página	Síða
Poesia	Ljóð
Relevante	Viðeigandi
Romance	Skáldsaga
Série	Röð
Trágico	Hörmulega

Mamíferos
Spendýr

Baleia	Hvalur
Camelo	Úlfalda
Canguru	Kengúra
Castor	Beaver
Cavalo	Hestur
Cão	Hundur
Coelho	Kanína
Coiote	Sléttuúlfur
Elefante	Fíl
Gato	Köttur
Girafa	Gíraffi
Golfinho	Höfrungur
Gorila	Górilla
Leão	Ljón
Lobo	Úlfur
Macaco	Api
Ovelha	Kind
Raposa	Refur
Touro	Naut
Zebra	Zebra

Matemática
Stærðfræði

Aritmética	Tölur
Ângulos	Horn
Circunferência	Ummál
Decimal	Aukastaf
Diâmetro	Þvermál
Equação	Jafna
Expoente	Veldisvísir
Fração	Brot
Geometria	Rúmfræði
Paralelo	Samhliða
Paralelogramo	Hjálíðalogram
Perímetro	Jaðar
Polígono	Marghyrning
Quadrado	Ferningur
Raio	Radíus
Retângulo	Rétthyrningur
Simetria	Samhverfu
Soma	Summa
Triângulo	Þríhyrningur
Volume	Bindi

Material de Arte
List Vistir

Acrílico	Akrýl
Apagador	Strokleður
Aquarelas	Vatnslitir
Argila	Leir
Água	Vatn
Cadeira	Stól
Carvão	Kol
Cavalete	Glæsla
Câmera	Myndavél
Cola	Lím
Cores	Liti
Criatividade	Sköpun
Escovas	Burstar
Lápis	Blýantar
Mesa	Borð
Óleo	Olía
Papel	Pappír
Pastels	Pastellitir
Tinta	Blek
Tintas	Málningu

Medições
Mælingar

Altura	Hæð
Byte	Bæti
Centímetro	Sentimetr
Comprimento	Lengd
Decimal	Aukastaf
Grama	Gramm
Grau	Gráða
Largura	Breidd
Litro	Lítri
Massa	Messi
Metro	Mælir
Minuto	Mínúta
Onça	Únsa
Peso	Þyngd
Polegada	Tommu
Profundidade	Dýpt
Quilograma	Kíló
Quilômetro	Kílómetra
Tonelada	Tonn
Volume	Bindi

Meditação
Hugleiðsla

Aceitação	Samþykki
Acordado	Vakandi
Atenção	Athygli
Bondade	Góðvild
Clareza	Skýrleiki
Compaixão	Samúð
Emoções	Tilfinningar
Ensinamentos	Kenningar
Gratidão	Þakklæti
Hábitos	Venja
Mental	Andlegt
Mente	Huga
Movimento	Samtök
Música	Tónlist
Natureza	Náttúran
Observação	Athugun
Paz	Friður
Pensamentos	Hugsanir
Perspectiva	Sjónarhorni
Silêncio	Þögn

Mitologia
Goðafræði

Arquétipo	Arketype
Ciúmes	Öfund
Comportamento	Hegðun
Criação	Sköpun
Criatura	Skepna
Cultura	Menning
Desastre	Hörmung
Força	Styrkur
Guerreiro	Stríðsmaður
Herói	Hetja
Imortalidade	Ódauðleika
Labirinto	Völundarhús
Lenda	Þjóðsaga
Mágico	Töfrandi
Monstro	Skrímsli
Mortal	Dauðleg
Relâmpago	Elding
Triunfante	Sigursæll
Trovão	Þrumur
Vingança	Hefnd

Natureza
Náttúran

Abelhas	Býflugur
Abrigo	Skjól
Animais	Dýr
Ártico	Arktískur
Beleza	Fegurð
Deserto	Eyðimörk
Dinâmico	Kvik
Erosão	Rof
Floresta	Skógur
Folhagem	Sm
Geleira	Jökull
Nevoeiro	Þoka
Nuvens	Ský
Pacífico	Friðsælt
Rio	River
Santuário	Helgidómur
Selvagem	Villt
Sereno	Sorene
Tropical	Tropical
Vital	Líflegt

Nutrição
Næringu

Amargo	Bitur
Apetite	Matarlyst
Calorias	Hitaeiningar
Carboidratos	Kolvetni
Comestível	Ætur
Dieta	Mataræði
Digestão	Melting
Equilibrado	Rólegur
Fermentação	Gerjun
Líquidos	Vökva
Molho	Sósa
Nutriente	Næringarefni
Peso	Þyngd
Proteínas	Prótein
Qualidade	Gæði
Sabor	Bragð
Saudável	Heilbrigður
Saúde	Heilsa
Toxina	Eiturefni
Vitamina	Vítamín

Números
Tölur

Cinco	Fimm
Decimal	Aukastaf
Dez	Tíu
Dezesseis	Sextán
Dezessete	Sautján
Dezoito	Átján
Dois	Tveir
Doze	Tólf
Nove	Níu
Oito	Átta
Quatorze	Fjórtán
Quatro	Fjórir
Quinze	Fimmtán
Seis	Sex
Sete	Sjö
Treze	Þrettán
Três	Þrír
Um	Einn
Vinte	Tuttugu
Zero	Núll

Oceano
Haf

Alga	Þörunga
Atum	Túnfiskur
Baleia	Hvalur
Barco	Bátur
Camarão	Rækja
Caranguejo	Krabbi
Coral	Kórall
Enguia	Áll
Esponja	Svampur
Golfinho	Höfrungur
Marés	Sjávarföll
Medusa	Marglytta
Ostra	Ostra
Peixe	Fiskur
Polvo	Kolkrabbi
Recife	Rif
Sal	Salt
Tartaruga	Skjaldbaka
Tempestade	Stormur
Tubarão	Hákarl

Paisagens
Landslag

Cascata	Foss
Caverna	Helli
Colina	Hæð
Deserto	Eyðimörk
Geleira	Jökull
Golfo	Flói
Iceberg	Ísberg
Ilha	Eyja
Lago	Stöðuvatn
Mar	Sjó
Montanha	Fjall
Oásis	Vin
Oceano	Haf
Pântano	Mýri
Península	Skagi
Praia	Fjara
Rio	River
Tundra	Tundra
Vale	Dalur
Vulcão	Eldfjall

Países #2
Löndum #2

Albânia	Albanía
Dinamarca	Danmörk
França	Frakkland
Grécia	Grikkland
Haiti	Haítí
Indonésia	Indónesía
Irlanda	Írland
Jamaica	Jamaíka
Japão	Japan
Laos	Laos
Líbano	Líbanon
México	Mexíkó
Nepal	Nepal
Nigéria	Nígería
Paquistão	Pakistan
Rússia	Rússland
Síria	Sýrland
Somália	Sómalía
Ucrânia	Úkraína
Uganda	Úganda

Pássaros
Fuglar

Avestruz	Strútur
Águia	Örn
Canário	Kanarífugl
Cegonha	Storkur
Cisne	Svanur
Corvo	Kráka
Cuco	Gaukur
Flamingo	Flamingo
Frango	Kjúklingur
Gaivota	Máfur
Ganso	Gæs
Garça	Heron
Ovo	Egg
Papagaio	Páfagaukur
Pardal	Sparrow
Pato	Önd
Pavão	Peacock
Pelicano	Pelican
Pinguim	Mörgæs
Tucano	Toucan

Pesca
Veiðar

Água	Vatn
Barbatanas	Uggar
Barco	Bátur
Brânquias	Tálkn
Cesta	Karfa
Cozinhar	Elda
Equipamento	Búnaður
Exagero	Ýkjur
Fio	Vír
Gancho	Krókur
Isca	Beita
Lago	Stöðuvatn
Mandíbula	Kjálka
Oceano	Haf
Paciência	Þolinmæði
Peso	Þyngd
Praia	Fjara
Rio	River
Temporada	Árstíð

Piratas
Sjóræningjar

Aventura	Ævintýri
Âncora	Akkeri
Bússola	Áttavita
Capitão	Kaptein
Caverna	Helli
Cicatriz	Ör
Espada	Sverð
Ilha	Eyja
Lenda	Þjóðsaga
Mapa	Kort
Mau	Slæmt
Moedas	Mynt
Oceano	Haf
Ouro	Gull
Papagaio	Páfagaukur
Perigo	Hætta
Praia	Fjara
Rum	Romm
Tesouro	Fjársjóður
Tripulação	Áhöfn

Plantas
Plöntur

Arbusto	Bush
Árvore	Tré
Baga	Ber
Bambu	Bambus
Botânica	Grasafræði
Cacto	Kaktus
Erva	Jurt
Feijão	Baun
Fertilizante	Áburður
Flor	Blóm
Flora	Flora
Floresta	Skógur
Folhagem	Sm
Grama	Gras
Hera	Ivy
Jardim	Garður
Musgo	Moss
Pétala	Krónublað
Raiz	Rót
Vegetação	Gróður

Praia
Strönd

Areia	Sandur
Azul	Blár
Barco	Bátur
Caranguejo	Krabbi
Costa	Ströndinni
Doca	Bryggju
Guarda-Chuva	Regnhlíf
Ilha	Eyja
Lagoa	Lón
Mar	Sjó
Oceano	Haf
Recife	Rif
Sandálias	Skó
Sol	Sól
Toalha	Handklæði
Veleiro	Seglbátur

Preencher
Til að Fylla

Balde	Fötu
Bandeja	Bakki
Barril	Tunnu
Bolso	Vasa
Caixa	Kassi
Cesta	Karfa
Envelope	Umslag
Garrafa	Flösku
Gaveta	Skúffa
Jar	Krukku
Mala	Ferðatösku
Navio	Skip
Pacote	Pakki
Pasta	Mappa
Saco	Taska
Tubo	Rör
Vaso	Vasi

Profissões #1
Störfum #1

Advogado	Lögmaður
Alfaiate	Klæðskeri
Artista	Listamaður
Atleta	Íþróttamaður
Banqueiro	Bankastjóri
Caçador	Veiðimaður
Cientista	Vísindamaður
Contador	Endurskoðandi
Dançarino	Dansari
Doutor	Læknir
Editor	Ritstjóri
Embaixador	Sendiherra
Geólogo	Jarðfræðingur
Joalheiro	Skartgripir
Marinheiro	Sjómaður
Mecânico	Vélvirki
Pianista	Píanóleikari
Psicólogo	Sálfræðingur
Treinador	Þjálfari
Veterinário	Dýralæknir

Profissões #2
Störfum #2

Agricultor	Bóndi
Astronauta	Geimfari
Biólogo	Líffræðingur
Cirurgião	Skurðlæknir
Dentista	Tannlækni
Detetive	Einkaspæjara
Editor	Útgefandi
Engenheiro	Verkfræðingur
Filósofo	Heimspekingur
Fotógrafo	Ljósmyndari
Ilustrador	Teiknari
Investigador	Rannsóknir
Jornalista	Blaðamaður
Médico	Lækni
Piloto	Flugmaður
Pintor	Málari
Professor	Kennari
Químico	Efnafræðingur
Zoólogo	Dýrafræðingur

Restaurante # 2
Veitingastaður #2

Almoço	Hádegisverður
Aperitivo	Forréttur
Água	Vatn
Bebida	Drykkur
Bolo	Kaka
Cadeira	Stól
Colher	Skeið
Delicioso	Ljúffengur
Especiarias	Krydd
Fruta	Ávöxtur
Garçom	Þjónn
Garfo	Gaffal
Gelo	Ís
Jantar	Kvöldmatur
Legumes	Grænmeti
Macarrão	Núðlur
Peixe	Fiskur
Sal	Salt
Salada	Salat
Sopa	Súpa

Restaurante #1
Veitingastaður #1

Alergia	Ofnæmi
Café	Kaffi
Caixa	Gjaldkeri
Carne	Kjöt
Comer	Að Borða
Cozinha	Eldhús
Faca	Hníf
Frango	Kjúklingur
Guardanapo	Servíetta
Ingredientes	Hráefni
Menu	Matseðill
Molho	Sósa
Pão	Brauð
Picante	Sterkan
Placa	Diskur
Reserva	Pöntun
Sobremesa	Eftirréttur
Tigela	Skál

Roupas
Fötin

Avental	Svuntu
Blusa	Blússa
Calça	Buxur
Camisa	Skyrta
Casaco	Kápu
Chapéu	Hattur
Cinto	Belti
Colar	Hálsmen
Jaqueta	Jakki
Jeans	Gallabuxur
Luvas	Hanska
Meias	Sokkar
Moda	Tíska
Pijama	Náttföt
Pulseira	Armband
Saia	Pils
Sandálias	Skó
Sapato	Skór
Suéter	Peysa
Vestido	Kjóll

Tecnologia
Tækni

Arquivo	Skrá
Blog	Blogg
Bytes	Bæti
Câmera	Myndavél
Computador	Tölvu
Cursor	Bendill
Dados	Gögn
Digital	Stafræn
Estatísticas	Tölfræði
Fonte	Leturgerð
Internet	Netið
Mensagem	Skilaboð
Navegador	Vafra
Pesquisa	Rannsóknir
Segurança	Öryggi
Software	Hugbúnaður
Tela	Skjár
Virtual	Raunverulegur
Vírus	Veira

Tempo
Tíminn

Agora	Núna
Ano	Ár
Antes	Áður
Anual	Árlega
Calendário	Dagatal
Década	Áratugur
Dia	Dagur
Futuro	Framtíð
Hoje	Í Dag
Hora	Klukkustund
Manhã	Morgunn
Meio-Dia	Hádegi
Mês	Mánuður
Minuto	Mínúta
Momento	Augnablik
Noite	Nótt
Ontem	Í Gær
Relógio	Klukka
Semana	Vika
Século	Öld

Tipos de Cabelo
Hárið Tegundir

Branco	Hvítur
Brilhante	Glansandi
Cachos	Krulla
Careca	Sköllóttur
Cinza	Grár
Colori	Litað
Curto	Stutt
Encaracolado	Hrokkið
Fino	Þunnur
Grosso	Þykkur
Loiro	Ljóshærður
Longo	Langt
Marrom	Brúnt
Prata	Silfur
Preto	Svart
Saudável	Heilbrigður
Seco	Þurr
Suave	Mjúkur
Trançado	Fléttum
Tranças	Fléttur

Vegetais
Grænmeti

Abóbora	Grasker
Aipo	Sellerí
Alcachofra	Artihoke
Alho	Hvítlaukur
Batata	Kartöflu
Beringela	Eggaldin
Brócolis	Spergilkál
Cebola	Laukur
Cenoura	Gulrót
Chalota	Skalottlaukur
Cogumelo	Sveppir
Ervilha	Pea
Espinafre	Spínat
Gengibre	Engifer
Nabo	Næpa
Pepino	Gúrku
Rabanete	Ræðja
Salada	Salat
Salsa	Steinselja
Tomate	Tómat

Veículos
Ökutæki

Ambulância	Sjúkrabíll
Avião	Flugvél
Balsa	Ferja
Barco	Bátur
Bicicleta	Reiðhjól
Caminhão	Vörubíll
Caravana	Hjólhýsi
Carro	Bíll
Foguete	Eldflaug
Furgão	Van
Helicóptero	Þyrla
Jangada	Fleki
Lambreta	Vespu
Motor	Mótor
Ônibus	Rútu
Pneus	Dekk
Submarino	Kafbátur
Táxi	Taxi
Transporte	Skutla
Trator	Dráttarvél

Verão
Sumar

Acampamento	Útjæða
Alegria	Gleði
Amigos	Vinir
Casa	Heim
Estrelas	Stjörnur
Família	Fjölskylda
Jardim	Garður
Jogos	Leikir
Lazer	Tímist
Livros	Bækur
Mar	Sjó
Mergulho	Köfun
Música	Tónlist
Praia	Fjara
Relaxamento	Slökun
Sandálias	Skó
Viagem	Ferðast

Virtudes #1
Dyggðir #1

Apaixonado	Ástríðufullur
Artístico	Listrænn
Bom	Góður
Confiante	Öruggur
Curioso	Forvitinn
Decisivo	Afgerandi
Eficiente	Skilvirkur
Encantador	Heillandi
Engraçado	Fyndið
Generoso	Örlátur
Imaginativo	Hugmyndaríkur
Independente	Óháður
Inteligente	Greindur
Limpo	Hreint
Modesto	Hógvær
Paciente	Sjúklingur
Prático	Hagnýt
Sábio	Vitur
Útil	Hjálpsamur

Xadrez
Skák

Aprender	Að Læra
Branco	Hvítur
Campeão	Meistari
Concurso	Keppni
Desafios	Áskoranir
Diagonal	Ská
Estratégia	Stefnu
Jogador	Leikmaður
Jogo	Leikur
Oponente	Mótmælandi
Passivo	Aðgerðalaus
Pontos	Stig
Preto	Svart
Rainha	Drottning
Regras	Reglur
Rei	Konungur
Sacrifício	Fórn
Tempo	Tíml
Torneio	Mót

Parabéns

Conseguiu!

Esperamos que tenha gostado tanto deste livro como nós gostamos de o desenhar. Esforçamo-nos por criar livros da mais alta qualidade possível.
Esta edição foi concebida para proporcionar uma aprendizagem inteligente, de qualidade e divertida!

Gostou deste livro?

Um simples pedido

Estes livros existem graças às críticas que publica.
Pode ajudar-nos, deixando agora uma revisão?

Aqui está um pequeno link para
a sua página de revisão:

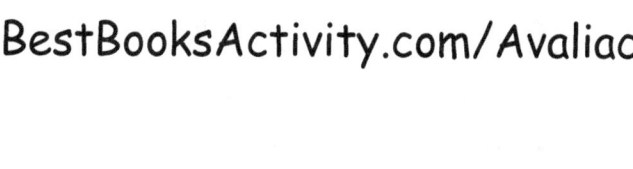

BestBooksActivity.com/Avaliacoes50

DESAFIO FINAL!

Desafio n° 1

Está pronto para o seu jogo grátis? Usamo-los a toda a hora, mas não são tão fáceis de encontrar - aqui estão os **Sinônimos!**
Escreva 5 palavras que encontrou nos puzzles (n° 21, n° 36, n° 76) e tente encontrar 2 sinónimos para cada palavra.

Escreva 5 palavras de **Puzzle 21**

Palavras	Sinônimo 1	Sinônimo 2

Escreva 5 palavras de **Puzzle 36**

Palavras	Sinônimo 1	Sinônimo 2

Escreva 5 palavras de **Puzzle 76**

Palavras	Sinônimo 1	Sinônimo 2

Desafio n° 2

Agora que já aqueceu, escreva 5 palavras que encontrou nos Puzzles (n° 9, n° 17 e n° 25) e tente encontrar 2 antônimos para cada palavra. Quantos se podem encontrar em 20 minutos?

Escreva 5 palavras de **Puzzle 9**

Palavras	Antônimo 1	Antônimo 2

Escreva 5 palavras de **Puzzle 17**

Palavras	Antônimo 1	Antônimo 2

Escreva 5 palavras de **Puzzle 25**

Palavras	Antônimo 1	Antônimo 2

Desafio n° 3

Óptimo! Este desafio final não é nada para si.

Pronto para o desafio final? Escolha 10 palavras que tenha descoberto nos diferentes puzzles e escreva-as abaixo.

1.	6.
2.	7.
3.	8.
4.	9.
5.	10.

Agora escreva um texto a pensar numa pessoa, num animal ou num lugar de seu agrado.

Pode utilizar a última página deste livro como um rascunho.

A Sua Composição:

CADERNO DE NOTAS:

ATÉ BREVE!

A equipa Inteira

DESCUBRA JOGOS GRATUITOS

GO

↓

BESTACTIVITYBOOKS.COM/FREEGAMES